PAI-NOSSO
a oração do Abbá

Guillermo D. Micheletti

PAI-NOSSO
a oração do Abbá

Dados Internacionais de Catalogação na Publicação (CIP)
Angélica Ilacqua CRB-8/7057

Micheletti, Guillermo D.
  Pai-Nosso : a oração do Abbá / Guillermo D. Micheletti. - São Paulo : Paulinas, 2023.
  248 p. (Coleção Ensina-nos a rezar)
  ISBN 978-65-5808-225-5
  1. Pai-Nosso 2. Oração - Cristianismo I. Título II. Série

23-2115   CDD-226.96

Índice para catálogo sistemático:
1. Oração - Pai-Nosso

1ª edição – 2023

Direção-geral: *Ágda França*
Editores responsáveis: *Vera Ivanise Bombonatto e Antonio Francisco Lelo*
Copidesque: *Ana Cecilia Mari*
Coordenação de revisão: *Marina Mendonça*
Revisão: *Sandra Sinzato*
Gerente de produção: *Felício Calegaro Neto*
Capa e produção de arte: *Elaine Alves*
Imagem de capa: *Syda_Productions*
https://br.depositphotos.com

Nenhuma parte desta obra poderá ser reproduzida ou transmitida por qualquer forma e/ou quaisquer meios (eletrônico ou mecânico, incluindo fotocópia e gravação) ou arquivada em qualquer sistema ou banco de dados sem permissão escrita da Editora. Direitos reservados.

Cadastre-se e receba nossas informações
www.paulinas.com.br
Telemarketing e SAC: 0800-7010081

Paulinas
Rua Dona Inácia Uchoa, 62
04110-020 – São Paulo – SP (Brasil)
(11) 2125-3500
editora@paulinas.com.br
© Pia Sociedade Filhas de São Paulo – São Paulo, 2023

Sumário

Siglas 7

Apresentação 9

Breve introdução 13

1. Como o Pai-Nosso foi... 19
   Ensinado por Jesus 19
   Apresentado nos Evangelhos segundo Lucas e Mateus .. 29
   Acolhido e rezado na devoção do povo cristão 35

2. O Abbá/Immá-amor nosso 47

3. Santificado seja por nós o vosso nome 79
   Algo inquietante: o que seria ser santo hoje!............. 85

4. Faça-se presente o vosso Reino 91

5. Seja feita a vossa vontade 101

6. O pão nosso de cada dia 109

7. Perdoai-nos as nossas ofensas/dívidas 121

8. E não nos permitais entrarmos/
   cairmos em provação 133

9. Livrai-nos do mal 141

10. Porque vosso é o Reino, o poder e a glória 153

11. O Pai-Nosso no coração da vida 159
    Oração para todos os dias... unidos de coração 160

12. O PAI-NOSSO NA CATEQUESE E NA LITURGIA 165
   O Pai-Nosso no itinerário da IVC,
   segundo o RICA 171
   A importância do Pai-Nosso
   na celebração Eucarística 178
   Simples fórmulas para introduzir o Pai-Nosso 189
   Qual é a postura adequada
   para rezarmos o Pai-Nosso? 194

13. PARA CONCLUIR: "PAPAI/MAMÃE NOSSO" 199

ANEXO 1
Para pensarmos: o modo de ser de Deus não é
"todo-poderoso", senão "todo-amoroso" 201

ANEXO 2
A fonte e a raiz de tudo: celebrar o nome YHWH 214

ANEXO 3
Como abençoamos os alimentos da mesa? Como pedimos? ... 228

ANEXO 4
Uma proposta de entrega da Oração do Senhor na IVC 233

ANEXO 5
Senhor, ensina-nos a rezar. Pai nosso que estais nos céus 237

REFERÊNCIA BIBLIOGRÁFICA 241

Siglas

CDC	Código de Direito Canônico
CIC	Catecismo da Igreja Católica
CVII	Concílio Vaticano II
DAp	Documento de Aparecida
DDv	*Desiderio Desideravi*
DNC	Diretório Nacional de Catequese
DpCat	Diretório para a Catequese
EG	*Evangelii Gaudium*
IGMR	Introdução Geral ao Missal Romano
IVC	Iniciação à Vida Cristã
RICA	Ritual de Iniciação Cristã de Adultos
SC	*Sacrosanctum Concilium*

Apresentação

Ao longo da história do Cristianismo, a oração do Pai-Nosso foi assimilada e estudada sob diversos enfoques. É necessário mergulhar nas tradições da antiguidade, principalmente naquelas que influenciaram o Judaísmo num mundo de diversas culturas, para captarmos o sentido profundo da Oração do Senhor.

Jesus Cristo, pela oração do Pai-Nosso, alimenta a missão. Revela a nós um pouco mais do abissal mistério de Deus, convidando-nos a um relacionamento livre e profundo com o Pai. Esse relacionamento ajuda-nos a compreender o ser humano como imagem de Deus, algo que é necessário ante o pessimismo antropológico dos nossos dias, mas destaca, sobretudo, a imagem do Deus Amor, que em Cristo nos dá vida nova.

Os Evangelhos salientam a importância da oração durante o ministério salvador de Jesus, que, a partir da observação e súplica dos discípulos, ensinou o Pai-Nosso. Essa perspectiva orante e missionária é assumida pela Igreja desde suas origens, revelando no Pai-Nosso sua identidade orante e missionária. No Pai-Nosso a Igreja aprende com simplicidade a confiar em Deus e deve ensinar as pessoas a fazerem o mesmo, para que a vida seja uma celebração de fé e amor.

A obra proposta, de autoria do querido irmão Pe. Guillermo Daniel Micheletti, esmerado promotor da catequese, nos ajuda a refletir a Oração do Senhor e suas consequências para quem a assume como projeto de vida cristã. Tem como fonte diversas obras da Teologia, principalmente da Teologia latino-americana, fruto do processo de hermenêutica e recepção do Concílio Vaticano II. O Concílio, ao tratar o tema da Revelação Divina, auxilia-nos a compreender a face misericordiosa de Deus na história para a transformação da realidade em todos os aspectos. A Igreja, sacramento universal de salvação (cf. LG 1), é chamada a viver na oração do Pai-Nosso a sua missão, ensinando-nos que Deus é Amor.

A perspectiva do texto nos fala da necessidade de recuperar e aprofundar o sentido da oração do Pai-Nosso, numa perspectiva de diálogo e amadurecimento da fé. É importante, no hoje do nosso tempo, crescermos no diálogo não só com Deus, mas também entre nós. Pois somente assim é possível gerar compromisso autêntico com a vida. O Pai-Nosso nos ensina a dialogar e mostra que esse é o único caminho para que a humanidade alcance a paz e a justiça.

O cristão, chamado a viver a oração do Pai-Nosso, ao ler este livro, descobrirá que na escola de Jesus todos somos aprendizes. Somos nós agora chamados a meditar e assumir essa sublime oração numa perspectiva nova, para gerar o que o Papa Francisco chama de cultura do encontro, em que todos se descubram amados por Deus e chamados a construir pontes. Somos convidados a aprender com Jesus a chamar o Pai de *Abbá*, demonstrando afeto e compromisso com o Deus da Vida em abundância. Como é consolador pensar num caminho de vida cristã tendo como receita a oração de Jesus e nossa!

A Igreja vive com alegria o anúncio da beatificação do nosso querido Papa João Paulo I. Em trinta e três dias de pontificado, o Papa do sorriso encantou o mundo com sua assertividade e ternura. Refletia ele sobre uma Igreja samaritana, pobre, assim como Jesus. Ele nos ajudou a pensar que Deus é Pai e Mãe. O mundo inteiro se encantou com essa definição bíblica, teológica e magisterial do Papa Luciani.

PAI-NOSSO, A ORAÇÃO DO ABBÁ

Que esta leitura nos ajude a aprofundar o nosso sentido de fé e a alimentar a nossa esperança num mundo onde todos vivam como irmãos, filhos amados do Pai.

Pe. Felipe Cosme Damião Sobrinho
Presbítero da Diocese de Santo André
Professor da Faculdade de Teologia da PUC-SP

Breve introdução

> "Jesus, interpelado pelo pedido de seus discípulos, ensina os seus a orar o Pai-Nosso. Deparamo-nos, então, diante de uma joia da espiritualidade judaico-cristã"
> (*Jornal de Opinião* 946, 11).

> "O Deus que se revela em Jesus *põe do avesso* tudo o que o homem religioso espera de Deus (Bonhoeffer, *Cartas desde la cárcel*).

Se, ao rezarmos o Pai-Nosso, fôssemos conscientes do que isso implica, o rezaríamos com maior nobreza de coração e não esbanjaríamos, às avessas, tagarelados "Pai-Nossos". Evitaríamos, assim, tomar o Santo Nome de Deus em vão, isto é, superficialmente. Na verdade, o Pai-Nosso representa, em sua singeleza oracional, um audacioso e desafiador compromisso a ser assumido para toda a vida, com força persistente e construtiva.[1]

De fato, o Pai-Nosso não é uma oração a ser rezada de modo "fast move". Essa oração é a expressão cristã dos desejos que devem impregnar a vida daqueles que gostam de Jesus. É isso o que cada um exprime, quando a reza? O Pai *torce* para que não sejamos

---

[1] Cf. José I. Gonzáles FAUS. *Outro mundo es posible*. Santander: Sal Terrae, 2010, nota 8. p. 353.

por demais "conversadores"; o que a ele importa são as convicções que determinam nossa conduta e organizam nossos hábitos de vida: isso é o que o Pai-Nosso expressa.[2]

Na prática cristã, o Pai-Nosso encerra, de modo inédito, a exigência de todo o Cristianismo. Ele ensina e insiste para que não nos iludamos pelos bens, que não nos defendamos do inimigo, que amemos os desconhecidos tanto quanto nossa família, que nos comportemos como se não houvesse o amanhã. Esses princípios não constituem, diríamos, um programa "sustentável", "apetecível", "atraente", "marqueteiro", para os homens e mulheres de hoje. Jesus nos convida a aventurar-nos a um "amor excessivo", além, muito além dos nossos "apequenados projetos". Esse amor é a vida mesma de Deus. Não podemos, certamente, amar desse modo com nossas próprias forças, não conseguimos; "criados para o amor de doação extrema", não temos condições de fazê-lo por nós mesmos. Certamente, precisamos abandonar-nos completamente ao amor misericordioso e compassivo do Pai revelado em Jesus.[3]

O Pai-Nosso é a oração mais excelente dos cristãos. Com certeza, é a mais importante, tanto se a chamarmos "Oração *Abbá*" (os primeiros cristãos), ou "Pai-Nosso" (comunidades católicas), ou "Oração do Senhor" (tradição protestante). Sem dúvida, o Pai-Nosso é a principal oração de todo o Cristianismo; é uma oração ecumênica/universal: pois, recitando-a, os cristãos se sentem irmanados e, assim, as diferenças destoam, soam estranhas.[4]

---

[2] Cf. José María CASTILLO. *La religión de Jesús. Comentario al Evangelio diário/2021.* Bilbao: Desclée De Brouwer. p. 78.
[3] Cf. Timothy RADCLIFFE. *El borde del mistério.* Bilbao: Mensajero, 2017. p. 51.
[4] Cf. John D. CROSSAN. *Cuando oréis, decid: "Padre nuestro...".* Santander: Sal Terrae, 2011. p. 19.

A oração cristã nos coloca em relação com o Deus de rosto profundamente bondoso e carinhoso, delicadamente maternal, que não deseja incutir medo algum. Os homens desde sempre estiveram habituados a aproximar-se de Deus com certo receio, apavorados diante desse "mistério fascinante e terrível" (OTTO), como se ele fosse um "Deus policial" ou um "Deus tapa-buraco" de problemas que nós mesmos não enfrentamos (TABORDA; KONINGS); habituados a adorá-lo em atitude servil, semelhante à de um servo que nem cogita desrespeitar o seu senhor. Mas, educados na oração do Pai-Nosso, os cristãos aprenderão, como Jesus, a dirigir-se a seu Pai ousando chamá-lo, também eles, confidentemente de "Papai" ou "Papaizinho amado".

Deus é o amigo solidário, o aliado companheiro do caminho. No Pai-Nosso se estabelece com o Pai um relacionamento confidencial, a ponto de animar-nos – como Jesus nos ensinou – a fazer-lhe filialmente uma série de pedidos. Ao Pai podemos pedir tudo; explicar tudo, contar tudo. Não importa se diante dele nos sentimos em falta. Ele o sabe: não somos bons amigos nem filhos e filhas muito agradecidos. No entanto, continua a nos amar. É o que Jesus demonstra definitivamente na Última Ceia, quando diz: "meu sangue, que é (será) derramado por vós" (Lucas 22,20). Naquele gesto, ele antecipa no cenáculo o mistério da sua doação na cruz. Manifesta que seu Pai é um aliado fiel: até quando os homens deixam de amá-lo, ele os amará filialmente até o Calvário. O Pai de Jesus está sempre à porta do nosso coração e espera que a abramos. Ele bate, mas com discrição: sabe esperar. A paciência do Pai é a mesma que a de um pai que, ao mesmo tempo, oferece amor de mãe; espera com ternura e com acalentado amor.[5]

---

[5] Cf. Papa FRANCISCO. Deus é como um pai ao qual se pode pedir tudo. *L'Osservatore Romano* 20, p. 3, 19 maio 2020.

Meditando os aprofundados ensinamentos que Jesus oferece no Pai-Nosso, penso que os homens e mulheres de hoje podem aprender a lutar contra suas próprias contradições: sempre à procura de segurança e sempre desamparados. Chamados à luz e cercados de incertezas, legalismos e rigorosidade religiosa. Nascidos para viver na liberdade e fadados à morte. Procurando remédio para tudo e incapazes de encontrar um remédio para si mesmos. Capazes das maiores grandezas e também das maiores misérias. Ansiando pela verdade e, constantemente, enganando a si mesmos. Buscando ardentemente a liberdade e com medo de aproveitá-la. Enfim, capazes de dominar o mundo, mas incapazes de ser donos de si próprios. O Pai-Nosso, enfim, nos ensina a criar relações humanas saudáveis, capacitando-nos para o entendimento e o perdão incondicional, convidando-nos a uma vida livre da escravidão do dinheiro e da obsessão pelos bens materiais, oferecendo perdão às pessoas afundadas no fracasso moral.[6]

Os que gostam de rezar o Pai-Nosso não pedem que Jesus venha e nem sequer a ressurreição dos mortos; só a chegada do Reino de Deus, entendido, à maneira de Jesus, como pão para os pobres, perdão para os cheios de dívidas, liberdade para os excluídos. A oração mais certa e profunda de Jesus não é uma meditação na intimidade – como ocorre na ioga – que nos afasta da história, senão aquela que está vinculada ao dom e à tarefa do pão e do perdão compartilhados, dentro da história. Enfim, a oração de Jesus é adequada para aqueles "que têm pouco pão" e que vivem sob a ameaça das "dívidas injustas" que lhes impõem

---

[6] Cf. José Antonio PAGOLA. *Caminhos de evangelização*. Petrópolis: Vozes, 2020. p. 17; id. *A renovação do Cristianismo* (Recuperar Jesus como Mestre interior). Petrópolis: Vozes, 2019. p. 83-84.

os novos poderosos; sempre uma oração de perdão criador, não de vingança.[7]

Enfim, há um bom tempo que pesquiso aprimorados estudos bíblico-catequéticos sobre a oração que o Senhor nos entregou, que é considerada o "resumo de todo o Evangelho". Há tempos vibra em meu coração uma inquietude: quando rezamos o Pai-Nosso, quem é o Pai de Jesus, e que ele nos apresenta como nosso? Enfim, compartilhei o fruto desses estudos em homilias e conversas com catequistas. Agora, concretizado em livro, ofereço-o com carinho aos caros leitores amigos e amigas. Aspiro a que o Pai-Nosso seja efetivamente o pão nosso de cada dia, que alimente a esperança de construirmos uma humanidade melhor, para que, nutrindo os nossos corações, celebremos, unidos "num só corpo", o pão da Palavra e da Eucaristia e que, ainda, aprendamos a viver com sobriedade compartilhada.

Se o bom Jesus me conceder sua graça, almejo de coração que este seja o melhor livro que até hoje escrevi.

Pe. Guillermo

---

[7] Cf. Xavier Pikaza IBARRONDO. Enséñanos a orar. El Domingo del Padre Nuestro. *Religión Digital*, 23 jul. 2022.

I.
Como o Pai-Nosso foi...

"O Pai-Nosso reflete claramente
o pensamento de Jesus sobre a oração,
embora seja impossível determinar hoje
com precisão as palavras exatas que ele falou"
(Secundino Castro).

ENSINADO POR JESUS

Movido pela curiosidade, alguém pode perguntar-se: será que Jesus apenas ensinou a rezar o Pai-Nosso ou ele também o rezava? A opinião de biblistas é de que ele não o rezava. Com efeito, nos Evangelhos, Jesus nunca é visto rezando essa oração. Tinha seu jeito próprio de rezar: orava quase sempre sozinho, em montes ou lugares afastados. Sua oração era a de um homem mergulhado no estupor do divino. Em meio ao cansaço diário, ele reservava momentos propícios para se recolher em oração; criava as próprias orações, de acordo com as circunstâncias; sempre rezando ao delicado compasso do coração, penetrando na filial intimidade e na amorosa ternura de seu Papai (cf. Lucas 10,21; 22,42; 23,34.46; João 11,41-42; 17,1-2; Marcos 15,34...). E isso acontece ao longo de toda a sua vida, seja em momentos de exultação e alegria, seja em situações decididamente dramáticas e sombrias.[1]

Conservamos do Pai-Nosso duas versões: a de Lucas 11,2-4 e a de Mateus 6,9-13. A versão mateana recebeu certamente influência da liturgia sinagogal.[2] Isso contradiz certa tendência que sublinha a "radical originalidade dessa oração" brotada dos lábios de Jesus. Na verdade, Jesus, como todo bom judeu, organizou a estrutura do Pai-Nosso a partir das conhecidas formas de oração hebraica, as mesmas que encontramos nas orações bíblicas.

Jesus invocou o único Deus de seus irmãos judeus e se serviu das mesmas expressões. A originalidade do Pai-Nosso reside em haver realizado plenamente o que ele disse: "não penseis que vim revogar a Lei e os profetas. Não vim revogá-los, mas dar-lhes pleno cumprimento" (Mateus 5,17). Assim sendo, pode-se afirmar que a oração que Jesus dirigia a seu Papai – e que agora também é nossa – não se opõe em nada à oração judaica: a realiza, cumprindo-a.[3]

Por isso, Mateus vai apresentar a oração do Pai-Nosso como um dos pilares da vivência do discípulo, juntamente com a esmola e o jejum.[4] Na verdade – como já dissemos –, Jesus inspirou-se nas antiquíssimas tradições judaicas, que ele bem conhecia desde pequeno.

---

[1] Cf. Ariel Álvarez VALDÉS. *Que sabemos sobre a Bíblia?* Aparecida: Santuário, 2001. v. 6. p. 67-68. Bruno Maggioni sintetiza as formas de Jesus rezar: sua oração era filial, de petição, de bênçãos, oração da paixão e da cruz, oração de ressuscitado (cf. *El rostro nuevo de Dios. Dichos y gestos de Jesús.* Maliaño: Sal Terrae, 2014. p. 77-92).

[2] A liturgia bizantina ortodoxa e todas as liturgias cristãs do mundo optaram pela versão de Mateus 6,9-13, talvez porque seja a mais antiga e a mais completa.

[3] Cf. SANTE. *Liturgia judaica,* p. 34.

[4] Entre os rabinos, ensinava-se que, quando Deus criou o mundo, o erigiu sobre três colunas: a do jejum, a da esmola e a da oração. Por isso, estas três ações virtuosas constituíam o fundamento da vida de todo judeu piedoso.

Assim, ele aproveitou-se, por exemplo, da *Shemá* (escuta)[5] e da *Tefilá* (orações de bênçãos),[6] com sua particular divisão em três grupos: 1º) as três primeiras bênçãos se apresentam como a homenagem que o servo faz ao seu mestre; 2º) as últimas três bênçãos de ação de graças, repetidas todos os dias, concretizam o momento em que o servo agradecido se despede; 3º) as treze bênçãos intermediárias, recitadas somente durante a semana, são bênçãos de louvor, de agradecimento e petições, chamadas *Amida* (rezar em pé). Mas também, e sobretudo, utilizou-se do *Qaddis* (santo), oração muito antiga que sempre se rezava ao término da leitura da Torá (Lei) na liturgia do templo e no ritual sinagogal. Assim, pode-se dizer que o Pai-Nosso se inscreve em uma tradição humana carregada de vida e história, que exige sempre uma melhor interpretação quando a aplicamos aos nossos dias, para que saibamos ecoar o riquíssimo sabor da tradição judeu-cristã.[7]

---

[5] A *Shemá* é uma combinação particularmente fusionada de três passagens da Escritura: Deuteronômio 6,4-9; 11,13-21; Números 15,37-41. Continha as ideias básicas da religião israelita: Javé é o único Deus e deve ser amado de todo coração; Deus entregou a terra de Israel a seu povo escolhido; devemos ter sempre presente todos os seus mandamentos (cf. Antonio PIÑERO. *Jesús y las mujeres*. Madrid: Trotta, 2014. p. 30).

[6] A *Tefilá* é o momento central de toda oração judaica. Trata-se de uma série de bênçãos que foram organizando-se no decorrer dos séculos (talvez no segundo século da era cristã; alguns opinam que já no tempo de Jesus era conhecida e difundida). É recitada três vezes ao dia: de manhã, ao meio-dia e à tarde; em perfeito silêncio, individualmente, sem interrupção (cf. Judite P. MAYER. *Tefilá. A oração por excelência. Revista de Liturgia*, n. 192, p. 14-16, nota 1, nov./dez. 2005).

[7] Cf. Jocelyn DORVAULT. *Notre Père*, p. 27-28; SANTE. *Liturgia judaica*, p. 100-102. A composição e os conteúdos da *Tefillah* podem ser resumidos no seguinte esquema: a) As três bênçãos iniciais, para louvar a Deus: 1. Tu és Deus; 2. Tu és onipotente; 3. Tu és santo. b) As treze petições centrais pelos bens espirituais, materiais e sociais: 1. A inteligência; 2. A penitência; 3. O perdão; 4. A liberdade pessoal; 5. A saúde; 6. O bem-estar; 7. A unificação dos dispersos;

O Pai-Nosso é a única oração que Jesus deixou como "herança" para alimentar nos seus seguidores a identidade "comunitária e discipular" e colaborar no projeto social do "Reino de Deus".[8] A oração que Jesus ensinou condensa, em poucas palavras, o mais íntimo de sua experiência de filialidade; sua fé no projeto humanizador da sociedade, almejado pelo seu Pai; deixa entrever os grandes desejos que povoavam a intimidade de seu coração e os clamores que dirigia a seu Pai em longas horas de silêncio e oração.[9]

Surpreende notar que o interesse por aprender a rezar o Pai-Nosso surgiu da iniciativa dos discípulos. Pensaríamos que a primeira atitude de Jesus, como Mestre, teria sido a de ensinar os discípulos a rezar para cultivar uma tenra relação com seu Pai: pedir-lhe coisas necessárias e escutar o que ele diz; mas não foi assim. Jesus, espelho luminoso do amor que seu Pai tinha por todos, antes de nos ensinar "comportamentos religiosos e piedosos", preferiu se colocar do lado humano, para nos orientar sobre "convicções humanas"; isto é, um estilo humanizador de viver direcionado à vida para servir os enfermos, os pequenos, os pobres, os pecadores, os estrangeiros; enfim, as pessoas desorientadas, fragilizadas e perdidas, sem pastor...[10]

---

8. A justiça integral; 9. O castigo aos inimigos; 10. A recompensa dos justos; 11. A nova Jerusalém; 12. O Messias e 13. O atendimento das preces. c) As três bênçãos finais para agradecer a Deus: 1. Restaurar o culto de Jerusalém; 2. Aceitar o nosso agradecimento e 3. A concessão da paz.

[8] Não entro aqui em detalhes sobre o fato de que a celebração eucarística seja a *fonte da vida de oração da Igreja*, sobretudo em sua manifestação plenamente comunitária, mas que também inclui nela a oração do Pai-Nosso.

[9] Cf. José Antonio PAGOLA. *Dejar entrar en casa a Jesús*. Buenos Aires: PPC, 2018. p. 206-207.

[10] Cf. Bruno MAGGIONI. *El rostro nuevo de Dios*, p. 16.

Onde e quando Jesus ensinou o Pai-Nosso? Durante sua vida de artesão itinerante. O *Evangelho de Lucas* começa narrando que Jesus estava rezando num certo lugar, quando os discípulos lhe pediram: "Senhor, ensina-nos a orar..." (Lucas 11,1-13). O termo "rezar" (em grego *proseuchomai* = προσεύχομαι = orar, suplicar, venerar, pedir, demandar) indica *o modo semítico de Jesus se relacionar com seu Papai*: intimidade e proximidade que fazem brotar expressões de bênção e súplicas em favor de alguém necessitado. Com isso, *o jeito de Jesus orar parece mais comunitário do que pessoal*.[11]

Seja onde for que Jesus mostrou aos discípulos como rezar, instruiu-os sobre o Pai-Nosso para que aprendessem a se colocar diante de seu Pai, num relacionamento de confiança filial, a fim de transmitir todas as inquietudes do seu coração; pedir-lhe os dons mais elevados: a santificação do seu nome entre os homens e mulheres, a vinda do seu senhorio, a realização da sua vontade de bem em relação ao mundo. Mas Jesus também ensinou a buscar os dons mais simples, como o "pão nosso de cada dia", incluindo também saúde, casa, trabalho, coisas do dia a dia. Isso compreende, a partir de um olhar cristão, a Eucaristia, que é necessária para a vida em Cristo. Também se deve rezar pelo perdão dos pecados, pois, quando uma

---

[11] A maioria dos biblistas concorda que a versão de Lucas assumiu um texto pré-evangélico chamado "Q" (*Quelle*), que recolhe o material comum entre os Evangelhos de Mateus e Lucas. Seria a versão mais antiga e provavelmente aquela que, no seu núcleo, remonta, sem dúvida, ao que Jesus ensinou. Sua versão é a mais curta e direcionada aos pagãos (Senén VIDAL. *Nuevo Testamento*. Espanha: Sal Terrae, 2015. p. 407). O texto *Quelle* (do alemão "fonte") é uma reconstrução "hipotética", escrita antes do ano 70. Ficou conhecido como "Evangelhos dos ditos de Jesus". Foi escrito em grego, na região da Palestina, por missionários itinerantes. É um dos documentos mais estudados da pesquisa bíblica moderna para reconstruir os ensinamentos de Jesus (cf. PAGOLA. *Jesús. Aproximación histórica*, p. 509-510; Mercedes Navarro PUERTO. *Marcos*. 2. ed. Estella: EVD, 2022. p. 34).

pessoa se sente mal por ter feito coisas ruins, ao recitar o Pai-Nosso, considera-se consolada, próxima do Senhor que perdoa.[12]

Anos mais tarde, quando as comunidades de *Mateus* e *Lucas* redigiram os Evangelhos, tentando estabelecer as coordenadas temporais e locais em que Jesus ensinou a Oração do Senhor, alguns problemas surgiram. Pois, já não mais se lembravam exatamente das circunstâncias. Dessa forma, e com decidida vontade de gravar no coração essa oração, *cada evangelista decidiu colocá-la onde melhor conseguisse explicar sua própria teologia*. Por isso, Mateus colocou o Pai-Nosso *no discurso inaugural de Jesus*, porque, sendo este seu sermão programático, no qual apresentava o "inusitado programa" do Reino dos céus, não poderia faltar nele o tema da oração. Lucas, da sua parte, colocou-a enquanto Jesus ia "subindo para Jerusalém", já que, para o evangelista, os discípulos *devem aprender a rezar enquanto estão a caminho*, a fim de viverem sempre como missionários unidos a Deus.[13]

Para ensinar-nos a rezar, Jesus começa indicando como invocar a Deus: "Papai!" ou "Papaizinho". Sugeriu algo tão insólito, que foi preciso que ele mesmo encorajasse os discípulos a invocarem a Deus com esse jeito tão íntimo e familiar. Antes dele, ninguém se atreveu a usar a singela e familiar invocação de *Abbá!* ou *Abinú!* – expressão com a qual as crianças se dirigiam carinhosamente a seu pai. Nas orações, mesmo na língua aramaica, usava-se a solene forma hebraica "Ab" para dirigir-se a Deus como Pai. Nos textos hebraicos, utilizava-se a palavra *abbá* para designar o pai humano.[14]

---

[12] Cf. Papa FRANCISCO. Um grito que não permanece desatendido. *L'Osservatore Romano*, n. 50, p. 3, 15 dez. 2020.

[13] Cf. VALDÉS. *Que sabemos sobre a Bíblia?*, v. 6, p. 62.

[14] Segundo o Talmude babilônico, *abbá* é a palavra que a criança pronuncia quando começa a falar, "quando deixa o peito e começa a comer pão"

O certo é que, dada a íntima familiaridade que cultivava com relação a seu Pai, Jesus ensinou outros a tratá-lo desse mesmo singelo modo,[15] atestando o quanto lhe era próximo e familiar, e que, em um sentido estrito, *só ele possuía* essa relação especial. A ponto de afirmar que "a vivência do *Abbá* é claramente a 'fonte' do caráter peculiar da mensagem e da praxia de Jesus".[16] Quando os discípulos pediram a Jesus que lhes ensinasse um modo de rezar (Lucas 11,1), autorizou-os a invocar a Deus como *Abbá*. Por isso, a liturgia, consciente da grandeza desse presente, introduz a oração do Pai-Nosso dizendo (há também outras fórmulas): "Obedientes à palavra do Salvador e formados por seu divino ensinamento, ousamos dizer";[17] isto é, "nos atrevemos a dizer", "temos a coragem de rezar"...

Jesus não nos ensinou a rezar a seu Pai para "mendigar" privilégios ou vantagens. Não nos ensinou a pedir que Deus mude a sua vontade, mas que "nos conceda conhecê-la", que "nos ajude a identificar-nos com ela" para termos a coragem de segui-la.

Pois, para Jesus, a única forma de viver esse estilo de vida é tendo um profundo relacionamento com seu Pai. Antes de tudo, com um Deus que "seja Pai". Não um pai qualquer, senão o Pai amoroso que trata a todos da mesma maneira; pois "ele faz nascer o seu sol sobre maus e bons e faz descer a chuva sobre justos e injustos" (Mateus 5,45). Isto é, trata-se de um Pai que não faz diferenciação entre as pessoas, mas que se sente "fragilizado" pela situação dos mais vulneráveis.

(Emiliano Jiménez HERNÁNDEZ. *Pai-Nosso. Fé, oração e vida*. São Paulo: Caminho Catecumenal, 2016, nota 10. p. 33).

[15] O termo *Abbá* é usado por Jesus 174 vezes nos Evangelhos para designar Deus como Pai (Hans KESSELER. Jesus Cristo, caminho da vida. *Revista de Catequese* 158, p. 101, nota 2, jul./dez. 2021).

[16] Cf. Edward SCHILLEBEECX. *Jesus. La historia de un viviente*, p. 242.

[17] Cf. Luis GONZÁLEZ-CARVAJAL. *El Credo explicado a los cristianos un poco escépticos*. Maliaño: Sal Terrae, 2019. p. 32.

Assim sendo, o Pai-Nosso consiste num modelo de vida em que o nome de Deus é posto acima de outros interesses: dinheiro, fama, bem-estar. Modelo esse que coloca privilegiadamente o "reinado de Deus" acima de qualquer outro reinado: seja de um partido político ou de uma ideologia social e cultural. Modelo de vida em que primeiro fazemos o que Deus quer e o que gosta que façamos; isto é, desejarmos um mundo onde haja farto pão para todos, perdão e bondade; honestidade, justiça e direitos respeitados por todos e para todos. Na verdade, Jesus não teve a preocupação de ensinar o Pai-Nosso no sentido de "decorá-lo", senão de "vivê-lo"; pois ele mesmo vivia plenamente o seu conteúdo. Vivendo-o, era por ele contagiado; Jesus ensinava a rezar com sua própria forma de viver. Era sempre vida feita oração: na prosperidade ou na adversidade, no sucesso ou no fracasso. Pois, sua vida representa a forma autêntica de religião que devemos viver.[18]

O Pai-Nosso é a oração que Jesus deixou-nos por herança. Desde cedo, converteu-se não apenas na oração mais querida dos cristãos, senão na oração litúrgica que identificava a comunidade eclesial reunida em nome de Jesus. Por isso, no itinerário catequético catecumenal, antes de receber o Batismo, ensinava-se o Pai-Nosso aos catecúmenos e logo este lhes era entregue (Rito de entrega). Os catecúmenos pronunciavam a Oração do Senhor a sós ou em comunidade, meditavam e a interiorizavam uma e outra vez, para reavivar a fé e o compromisso com o Reino de Deus.[19]

Interiorizando a Oração do Senhor, deixamo-nos tomar pela mão de Jesus e, mergulhados no seu Espírito, somos introduzidos

---

[18] Cf. José María CASTILLO. *La religión de Jesús. Comentario al Evangelio diário-2020*. Bilbao: Desclée De Brouwer, 2019. p. 358-359.

[19] Cf. PAGOLA et al. *Fijos los ojos en Jesús. En los umbrales de la fe*. Buenos Aires: PPC, 2012. p. 167-168.

na dignidade e na exigente verdade de sermos seus irmãos e irmãs, filhos e filhas de Deus: "Amai vossos inimigos e orai por aqueles que vos perseguem para que vos torneis filhos e filhas do vosso Pai que está nos céus" (Mateus 5,44).[20]

Tertuliano (155-222), um dos primeiros Padres da Igreja do Ocidente,[21] dizia que "a Oração do Senhor Jesus é verdadeiramente o resumo de todo o Evangelho" (*breviarium totius Evangelii*), e acrescentava: "podemos dirigir ao céu diversas orações, mas começando sempre pela Oração do Senhor, que continua a ser a oração fundamental".[22] Como observava Simone Weil: "todas as preces até hoje escritas talvez já estejam contidas no Pai-Nosso".

O Pai-Nosso de Jesus é sóbrio e acolhedor, com a simplicidade e a vigorosa sobriedade das catedrais de estilo românico.[23] Nessa oração não há linguagem retórica, mas sim frases simples, que escorregam pelos lábios, sem confusão. Sua diáfana essencialidade não significa – longe disso – superficialidade, senão traços de estilo que revelam o modo de pensar e de estar diante de Deus. Um modo, uma maneira de contemplar, de grande valor poético. Rezando o Pai-Nosso, exalamos o perfume das parábolas e dos

---

[20] Bernhard HÄRING. *Comentário ao Pai-Nosso*. Aparecida: Santuário, 1998. p. 6.

[21] Designa-se com esse nome os escritores cristãos: bispos, presbíteros e leigos, dos cinco primeiros séculos do Cristianismo, que estabeleceram as primeiras formulações da doutrina cristã. Foram os inspiradores da continuada tarefa de inculturar o Evangelho (J. GOPEGUI).

[22] Cf. CIC, n. 2761.

[23] A arquitetura românica é um estilo arquitetônico que surgiu na Europa por volta do século X e durou até a segunda metade do século XII. Suas principais características revelam a sobriedade na construção: paredes robustas, arcos arredondados e janelas pequenas. O termo "românico" faz referência à influência da arquitetura romana presente em vários elementos desse estilo arquitetônico.

ditados de Jesus: essenciais e intensos e, ao mesmo tempo, exigentes. Essa oração, em sua arquitetura, em suas palavras vigorosas, em seu modo de conceber a relação de filhos e filhas com Deus, é de beleza singular.[24]

Pode-se dizer, então, que judeus e cristãos rezam para o mesmo Deus e pelo mesmo Reino. É preciso que os cristãos sempre deem passos para a frente, com crescido amor fraterno, e que tomem consciência de que a liturgia hebraica não é um fato passado. Nela presta-se culto ao mesmo Deus e combate-se pela mesma causa. O povo judeu continua a amar esse Deus de Abraão; continua a lembrar-se de que essa fé permanece sendo vivida ainda hoje por milhares de judeus; pois "os dons e a vocação de Deus são sem arrependimento" (Romanos 11,29). É bonito conhecer os costumes litúrgicos e religiosos dos judeus, porque Jesus rezou e amou seguindo esse mesmo exemplo: o Deus judeu e dos cristãos é o único Deus; Deus de todos os homens e mulheres e de todas as experiências religiosas.

Enfim, é possível imaginar como o Pai de Jesus recebia as palavras de seu Filho amado, quando este lhe dirigia a oração do Pai-Nosso. Assim, nós também podemos mentalizar e deixar ecoar em nosso coração esse modo de rezar a Oração do Senhor. Ao mesmo tempo, podemos imaginar a resposta do Papai do céu.[25]

---

[24] Cf. MAGGIONI. *El rostro nuevo de Dios*, p. 93-95.

[25] Foi, na verdade, Carlos Carreto quem imaginou a cena e propôs o detalhe da conversa (cf. Antônio C. SANTINI. *Assim na Terra como no Céu*. Belo Horizonte: O Lutador, 1994. p. 11).

Jesus disse	Seu Pai responde
Pai nosso que estás no céu...	Filho meu que estás na terra...
Santificado seja o teu nome	Que meu nome te santifique
Venha a nós o teu Reino	Acolhe o meu Reino!
Seja feita a tua vontade	Faz a minha vontade
Assim na terra como no céu	Assim na terra como no céu
O pão nosso de cada dia Dá-nos hoje...	O teu pão de cada dia recebe hoje!
Perdoa as nossas ofensas Como perdoamos a quem nos ofendeu	Eu perdoo as ofensas como perdoaste a quem te ofendeu
E não nos deixes cair em tentação	Não te deixarei cair em tentação
Mas livra-nos do mal	Mas te livro do mal

E, em ambas as orações, ouve-se de forma clara e forte: Amém!

APRESENTADO NOS EVANGELHOS SEGUNDO LUCAS E MATEUS

Quem lê atentamente os Evangelhos de Mateus e Lucas observa detalhes muito particulares a respeito do Pai-Nosso. Mateus, por exemplo, em vez de começar somente com "Pai" – como Lucas –, acrescenta "Pai nosso". Por quê? O povo judeu costumava dar a Deus o título de "Pai nosso" (Isaías 63,16; 64,7; Jeremias 3,4; 31,9;

Malaquias 2,10; Salmo 89,27). Desse modo, Mateus tenta fazer com que o Pai-Nosso "soe mais familiar à mentalidade dos leitores".

Na verdade, o dialeto aramaico falado por Jesus[26] expressa a maior carga de ternura, de proximidade e de amor que alguém poderia usar para expressar o amor paterno: "Abbá" (Abwun d'bwashmaya) ou "Abinú", "meu papai querido". Estas palavras pertenciam à linguagem corriqueira das crianças, quando balbuciavam os nomes dos pais: assim, será "immá", para a mamãe, e "abbá", para o papai. Na verdade, isso se dá a partir da ação da mãe (*Immá*), que é quem transmitia à criança o nome do pai, mesmo que ela ficasse logo na penumbra. Só quando a *Immá* ensina a criança a dizer "papai" e quando a criança diz "abbá" é que a vida tem sentido e o homem se sabe enraizado no caminho divino da vida. Dizendo *Abbá*, a criança não se afasta da mãe, para cair nas mãos de um deformado patriarcalismo, senão que penetra na experiência mais profunda da mãe, que põe a criança diante de seu pai. Por isso, a *immá Mirjiam* (Maria) com certeza teve um papel fundamental na educação e no carinho que Jesus cultivou pelo seu papai (José) e seu *Abinú*, Papai querido do céu. Dessa forma, Jesus amadureceu na riqueza dialogal para com seu *Abbá*; princípio de todas as restantes relações com os irmãos e irmãs e com os outros.[27]

---

[26] O aramaico é uma língua semítica pertencente à família linguística afro-asiática. O nome da língua tem origem no nome de Aram, antiga região do centro da Síria. Dentro dessa família linguística, o aramaico fazia parte das línguas semíticas do noroeste, que incluía também as línguas canaanitas, o hebraico e o fenício. Foi o idioma original de muitas partes dos livros bíblicos de Esdras e Daniel, assim como do Talmude. Foi falado por Jesus e ainda hoje é usado em algumas pequenas comunidades do Oriente Médio (no interior da Síria).

[27] Os estudiosos afirmam que essa palavra de grande intimidade aparece na "mesma voz de Jesus" (*ipsa verba/verissima logia*) ao dirigir-se carinhosamente a seu Papai. A audácia de Abrão é superada pela de Jesus, o Filho, que convida quem o segue a reduzir as distâncias entre o Deus e o homem, a substituir a

PAI-NOSSO, A ORAÇÃO DO ABBÁ

Outro detalhe, a versão segundo Lucas tem apenas *quatro invocações*, provavelmente as originais de Jesus; é consenso entre os biblistas que as sete de Mateus representam um acréscimo litúrgico/homilético ou explicações efetuadas pela Igreja primitiva. No entanto, as variadas formas das invocações pronunciadas por Jesus: "*pater*: João 17,5"; "*patér*: João 17,21"; "*ho patér*: Mateus 11,26"; e "*pater mou*: Mateus 26,39", são variantes de versões que parecem traduzir um "*Abbá* primitivo" (provavelmente utilizado nas primeiras cerimônias de Batismo).[28]

A atual exegese bíblica afirma que Jesus sempre usou *Abbá* de modo forte e marcante para falar de seu Pai. Assim, é correto dizer que Jesus mudou o nome do Deus do Judaísmo; pois, no Judaísmo, essa invocação era surpreendente e inusitada, para não dizer *absolutamente fora do comum*. Para Jesus, Deus é um Pai a quem podemos tratar com "tenra intimidade". Por isso, a invocação pessoal "meu pai, meu papai" era "totalmente nova". O fato de Jesus servir-se da palavra aramaica *Abbá*, no ambiente da Palestina, manifestava um relacionamento plenamente livre e confiante para com o seu Pai, isento de solenidades.

---

imagem de um Deus imperial e impassível pelo rosto de um Pai que nos ensina a caminhar segurados por sua mão, que é para nós como aquele que pega um frágil menino no colo para dar-lhe de comer (cf. Oseias 11,3-4). O carinho que evoca o termo *abbá* usado por Jesus não se opõe ao respeito, senão a distância. Indica proximidade e prontidão, mas não exclui o respeito e a obediência (opinião de Schlosser, Schillebeeckx, Guijarro, Dunn) (cf. Reimont LUIZ. *Pai. Uma reflexão sobre o Nosso Pai*. 3. ed. Rio de Janeiro: Editora Graffito, 2001. p. 21; Xavier PIKAZA. No temas, pequeno rebaño; vuestro Padre há querido darnos el reino [Lc 12,32]. *Religión Digital*, 7 ago. 2022).

[28] Cf. Gianfranco RAVASI. *Según las Escrituras. Doble comentário a las lecturas de domingo* – Año C. Bogotá: San Pablo. p. 206-207; *Dicionário Enciclopédico da Bíblia*. Verbete: "Abba". Várias Editoras, 2013. p. 24.

Um quadro – a seguir – mostra a engenhosa construção de Mateus sobre as bem-aventuranças, em cujo centro coloca propositalmente o Pai-Nosso. Certamente, essa posição do Pai-Nosso constitui um sinal eloquente de quanto este devia ser considerado como princípio unificador e coluna que sustenta todo o discurso das bem-aventuranças. Pois, segundo o esquema, intuímos que só quem é educado na oração poderá entender o discurso das bem--aventuranças e terá a coragem de assumi-las na vida.[29]

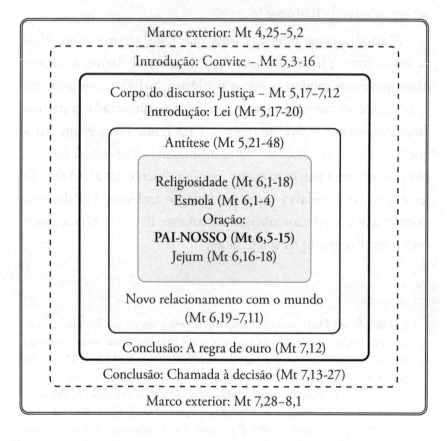

---

[29] Quadro inspirado em: *Diccionario de la Biblia*. Verbete: "Sermón de la montaña". Bilbao: Mensajero/Sal Terrae, 2012. p. 735.

PAI-NOSSO, A ORAÇÃO DO ABBÁ

Olhando esse quadro inspirado em Mateus, deve-se dizer que as duas versões que os Evangelhos apresentam do Pai-Nosso manifestam que tanto Lucas como Mateus colocaram a Oração do Senhor em contextos diferentes, obedecendo a perspectivas teológicas muito particulares.

Assim, Mateus o colocará no início do seu Evangelho, dentro do roteiro do Sermão da Montanha, porque este será para Jesus o sermão programático, inaugural do Reino dos céus, onde não pode faltar a oração; com a advertência de que para rezar não há necessidade de muitas palavras.

Por outra parte, para respeitar a santidade de Deus, ele acrescenta "que estais nos céus". Isso é muito querido em todas as tradições e costumes judaicos.

Outra mudança mateana foi incluir: "seja feita a tua vontade, assim na terra como nos céus". Como bom judeu, ele sabia que pedir que se realizasse a vontade de Deus era elemento essencial em toda oração.

Mais adiante, outra modificação: em vez de colocar "perdoa-nos nossas ofensas", pôs "perdoa-nos nossas dívidas". Pois, para os judeus, quem não cumpria os mandamentos sempre estava em dívida com Deus; assim, também todo pecado cometido contra Deus era, pois, "uma dívida que se contraía". Desse modo, usar a expressão "perdoa-nos nossas dívidas" soava muito melhor à linguagem familiar de seus leitores judeus.

Enfim, Mateus acrescenta – como também o faz Lucas – "mas livra-nos do mal", para expressar de forma positiva o que antes se manifestava negativamente. Mateus incluiu essa expressão talvez para completar as "sete" petições, que, para a mentalidade judaica, significava plenitude, atitude completa, obra perfeita. Para insistir que essa oração sintetiza uma totalidade perfeita: pois a ela não se pode acrescentar nada e dela nada se pode subtrair.

Na verdade, o texto do Pai-Nosso de Mateus 11,25-30 é impressionante. Jesus manifesta todo o seu amor ao Pai, porque revelou-se aos pequenos. Esse texto é uma revelação não apenas da intimidade de Jesus para com Deus, senão, e sobretudo, a revelação de quem é Jesus e de quem é seu Deus Pai.³⁰ O conhecimento mútuo e exclusivo entre Jesus e o Pai se expressa mediante o verbo *epigiginósko* (επιγιγνώσκω), que expressa não apenas informação, compreensão, mas sim um conteúdo teológico: a relação do Filho com o Pai e do Pai com o Filho é a razão e o conteúdo da revelação (W. HACKENBERG). É o conhecimento do igual pelo igual (U. LUZ). Isso quer dizer que em Jesus, seja em sua vida como em sua forma de proceder, se revela o caminho certo para o conhecimento de Deus "ao modo humano"; isto é, em Jesus, o conhecemos e o encontramos solidário.³¹

Por outra vertente, com o intuito de amoldar-se melhor à dinâmica mental dos leitores não judeus, a versão de Lucas é mais curta. Com olhar teológico diferente, apresenta o "artesão itinerante" subindo a Jerusalém (Lucas 9,51), isto é, a caminho de sua total entrega fiel à verdade do Papai, por amor aos irmãos e irmãs.³²

---

[30] Acho muito proveitosas as reflexões desse tema sob a perspectiva feminina, em: María Belén Brezmes ALONSO; Mónica Díaz ÁLAMO. *Eres tú o esperamos a outro? (Lc 7,19)*. Estella: EVD, 2021.

[31] Cf. CASTILLO. *La religión de Jesús. Comentario al Evangelio diário – 2020*, p. 238-239.

[32] A maioria dos biblistas sustenta que a versão de Lucas é a mais antiga e provavelmente aquela que de fato Jesus ensinou. Pois, se o Pai-Nosso de Mateus (o mais longo) fosse original, não se entende por que Lucas o teria abreviado. Ao contrário, se o Pai-Nosso de Lucas – o mais curto – é o original, fica mais compreensível que, por algum motivo, Mateus o tenha alongado, inspirado pelo Espírito Santo (cf. VALDÉS. *Que sabemos sobre a Bíblia?*, p. 62-63).

Por outro lado, Lucas insistira que o jeito de orar o Pai-Nosso pertence aos fundamentos da vida cristã, sem omitir a caridade e a escuta da Palavra. Lucas insiste sobre a oração; observa que nela temos dois ensinamentos: *conteúdo e atitudes*. Quanto ao conteúdo, propõe de forma sucinta cinco pedidos ao Pai (Lucas 11,2-4); quanto às atitudes, Jesus sublinha a importância de orar com insistência e confiança (Lucas 11,5-3). Daí que o autor lucano considere o Pai-Nosso como "um todo". Com isso, na espiritualidade cristã, o modo de orar é tão importante quanto o compromisso de vida contido nessa oração.[33]

Dessa maneira, com o Pai-Nosso, Jesus ensinou-nos a colocar Deus em primeiro lugar em nossa vida. Quando rezarmos, não tentemos desvirtuar a vontade de Deus para ajustá-la aos nossos caprichos: é a sua vontade que devemos procurar. A seguir, ocupa-se das nossas necessidades humanas, formando um conjunto maravilhosamente harmônico e catequético.

ACOLHIDO E REZADO NA DEVOÇÃO DO POVO CRISTÃO

Cada vez estou mais convicto da necessidade que temos de recuperar o Pai-Nosso. Aprender a pronunciá-lo a sós e em comunidade: meditá-lo, recordá-lo e interiorizá-lo (José A. Pagola).

O Pai-Nosso, na verdade, não é uma fórmula de oração superior a outras; é uma síntese de toda a mensagem cristã, que serve de itinerário

---

[33] Cf. Paolo TOMATIS. *Padre nostro, che sei nei cieli*. In: Giovanni FERRETTI (org.). *Imparare a pregare. Alla scuola del Padre Nostro*. Assis: Cittadella, 2018. p. 12-17.

para educar na oração; pois, quando o rezamos, não fazemos uma *simples oração*, mas sim somos conduzidos a querer saber *como* rezá-lo.[34]

Nessa oração, invoca-se peculiarmente Deus como *Abbá*, não só porque Jesus se dirigia a ele desse modo, mas porque seus seguidores devem também tratá-lo assim; no sentido mais familiar dessa palavra. Essa será a característica oracional dos cristãos (Marcos 14,36; Gálatas 4,6; Romanos 8,15). Foi essa a expressão que Jesus ensinou àqueles que quisessem dirigir-se a Deus, como oração própria e característica dos que acreditassem nele. Os seguidores de João Batista também tinham uma peculiar forma de orar (Lucas 11,2; Mateus 65,9). É interessante saber que a invocação de Deus como *Abbá* é uma "aclamação" ou, melhor dizendo, um "clamor" (χραυγή), um "grito" (χραζο), que se concretiza como *testemunho de liberdade*. Isso quer dizer que a relação com Deus como Pai não é uma relação de "sujeição", menos ainda de escravidão, mas *um sincero clamor de liberdade*. Quem prega um "deus de submissão e domínio" não está falando do Pai de Jesus e dos cristãos; está falando de um tirano inventado para justificar as obscuras pretensões de autoritarismo e submissão das consciências. Jesus nunca falou de seu Pai como vingador, justiceiro ou ameaçador. O Deus de Jesus é *Abbá*, um Papai próximo de todos, que se caracteriza sempre pela bondade e o acolhimento incondicional; a tolerância e a misericórdia; o respeito e o amor (cf. Mateus 5,45).[35]

A Oração do Senhor é a mais perfeita das orações... Nela, não só aprendemos a pedir corretamente tudo quanto desejamos, mas também a realizar esses desejos no momento apropriado. De modo

---

[34] Cf. Fernando ARMELLINI. *Celebrando a Palavra. "Ano C"*. São Paulo: Ave-Maria, 1998. p. 335-336.

[35] Cf. José M. CASTILLO. *Jesus. A humanização de Deus*. Petrópolis: Vozes, 2009. p. 112-118.

que essa oração não só nos ensina a pedir, mas também ordena todos os nossos afetos (S. AQUINO).

O Pai-Nosso é uma oração dialogal entre o reconhecimento de um "tu" que estabelece comunhão entre o Pai de Jesus e nós; e um "nós", na medida em que entramos em comunhão com o Filho e com os irmãos e irmãs. Em Jesus e com Jesus, podemos recomeçar e responder o "tu" que dirijo ao Pai – *tutear* como dizem os argentinos –, pois, na solidariedade, sabendo que o Filho me entende, reencontro também o "nós" dos irmãos e irmãs. A descoberta da paternidade funda a construção da fraternidade. Quando entendemos seriamente o que implica tratar Deus como Pai, a vivência de fraternidade deixa a orfandade em que estávamos para experimentarmos – em todos os níveis da existência humana iluminada pela fé – a graça da divina filiação (cf. Gálatas 4,6).[36]

O Pai-Nosso é o modelo e, ao mesmo tempo, a regra de toda oração, pois o mesmo Filho humanado o ensinou (Lucas 11,1). Nele, Jesus nos deu – por assim dizer – "um percurso pedagógico para todas as nossas orações"; deu-nos "os ingredientes" precisos e preciosos que nutrem uma oração autenticamente cristã.

Santo Tomás vai explicar com precisão as excelências que o Pai-Nosso possui.[37] Ele diz que o Pai-Nosso, como toda oração excelente e qualificada, possui cinco características: *segura, reta, ordenada, devota e humilde*. É *segura*, porque, por meio dessa oração, podemos apresentar-nos com confiança diante de Deus (Hebreus 4,16). Foi composta por Jesus, sapientíssimo amigo que está junto do Pai (1 João 2,1), aquele que escuta com vontade nossas orações.

---

[36] Cf. Antonio J. de ALMEIDA. O pão nosso de cada dia. *Humanitas Vivens*, p. 89-90, jul. 2013.

[37] SANTO TOMÁS DE AQUINO. *Expositio in orationem dominicam – Proemio* (traduzido de modo atualizado).

É *reta*, pois ela nos ensina a pedir ao Pai coisas convenientes. Se rezarmos com retidão e sentido – denota Agostinho –, não faremos uso nem de palavras a mais nem a menos, bastando as já contidas na Oração do Senhor. Pois quem sabe melhor do que o Filho o que o Pai deseja que lhe peçamos, e que, por isso mesmo, será o mais favorável para nós?

Ordenada, pois deve antepor as coisas do espírito àquelas do egoísmo. Isso, no Pai-Nosso, é evidente, uma vez que as primeiras três petições dizem respeito a Deus e a sua glória, as quais se seguem as outras quatro dirigidas às necessidades do orante.

Devota. É a devoção que brota do nosso coração que faz com que essa oração seja aceita por Deus. A devoção brota da caridade, que concretiza o amor de Deus e ao próximo: um e outro são aqui delineados. Para indicar o amor de Deus, o chamamos de Pai; para indicar o amor ao próximo, rezamos por todos: "Pai nosso...; ... perdoa as nossas ofensas...".

Enfim, *humilde*. A parábola do publicano e do fariseu lembra essa atitude do coração (cf. Lucas 18,9-14). A humildade é observada nessa maravilhosa oração; temos verdadeira humildade quando não fazemos ostentação dos nossos dons e habilidades, mas sim quando, agradecidos, os colocamos a serviço de Deus, assistindo o próximo; diante dele, nós nos reconhecemos como frágeis pecadores.

O Pai-Nosso é o próprio Evangelho de Jesus Cristo em forma orante *breviloquium Evangelii*, por isso, é a mais profunda e completa oração que existe no Cristianismo. Constitui, com efeito, a síntese, a regra e o quadro referencial de todo dinamismo orante de um cristão. Traz dentro de si a *marca trinitária*, pois estabelece um laço filial com o Pai, identifica-nos com as íntimas aspirações e sentimentos de Cristo e coloca-nos sob a inspiração do Espírito de amor, derramado em nossos corações.[38]

---

[38] Cf. Papa JOÃO PAULO II. Carta apostólica *Tertio Millennio Adveniente* 55.

PAI-NOSSO, A ORAÇÃO DO ABBÁ

O Pai-Nosso pronuncia-se sempre no plural; pois, na verdade, o Cristianismo não pode existir na solidão. É uma oração ao Pai do céu, a quem oramos unidos a todos os seus filhos e filhas que vivem no mundo. Começa com uma invocação confiante a Deus: *Abbá*, à qual seguem *três grandes anseios* centrados no Reino de Deus e *quatro clamores* que concretizam as necessidades básicas da humanidade, que ainda não conhece a plenitude do Reino de Deus. O Pai-Nosso descobre – como nenhum outro texto evangélico – os sentimentos que Jesus abrigava em seu coração. É a melhor síntese dos Evangelhos; a oração que melhor nos identifica com Jesus (cf. Mateus 6,9-13; Lucas 11,2-4).[39]

Pois, como dissemos, essa oração inicia-se com *três pedidos* atribuídos a Deus, seguidos de outros *quatro* que interessam à vida das pessoas. Em muitos manuscritos, encontramos um final que conclui com uma oração de louvor e de reconhecimento: "Pois a ti, Senhor, a grandeza, a força e o poder agora e para sempre. Amém".[40] Dessas petições, claramente, as primeiras três são direcionadas ao Pai, isto é, têm a ver mais com os interesses do próprio Deus: sua glória, seu Reino, sua vontade. As quatro últimas têm a ver com os nossos interesses pessoais: o pão, o perdão, a proteção e a libertação. Mas cuidado! Não insistiremos em demasia nas diferenças. Pois, na realidade, os verdadeiros interesses de Deus têm por objeto os nossos interesses: somos a pupila de seus olhos. Quando apresento minhas necessidades e as do próximo, faço-o sabendo que Deus será perfeitamente santificado quando desaparecerem da terra os sofrimentos e as injustiças. Pois Deus deseja que o homem viva (Santo Irineu de Leão), e isso acontecerá plenamente na glória de Deus, quando descer sobre a terra a paz para todos os que o

---

[39] Cf. PAGOLA. Con los ojos fijos en Jesús. In: VV.AA. *Fijos los ojos en Jesus*, p. 168.
[40] Conclusão muito conhecida na Igreja primitiva. Encontra-se na *Didaquê*, baseada certamente no Livro das Crônicas: 1 Crônicas 29,11-13 (cf. MAYER. *A oração*, nota 3, p. 19).

amam (cf. Lucas 2,14). Com respeito aos interesses pessoais, são *três as necessidades essenciais do homem*: a primeira, pede-se o pão de cada dia: elevam-se, pois, a Deus as necessidades do presente; a segunda, pede-se o perdão pelos pecados: coloca-se diante de Deus nosso passado; e a terceira, pede-se ajuda para que não desfaleça diante das tentações: com isso, colocamos, confiantes, nosso futuro nas mãos de Deus.[41]

Quaisquer outras palavras que dissermos – tanto as formadas pelo afeto que precede e esclarece o Pai-Nosso quanto as que seguem e crescem pela atenção delas – não expressarão nada além do já apresentado na Oração do Senhor. Se alguém disser algo que não possa ser contido nessa prece evangélica, sua oração, embora não ilícita, será carnal. Contudo, não sei como não será ilícita, uma vez que somente de modo espiritual devem orar os renascidos do Espírito.[42]

A *Didaquê*, fonte relevante do século II da Igreja,[43] apresenta o Pai-Nosso (cap. VIII) com particulares coincidências à versão de Mateus. Pois bem, nela se recomenda que essa oração seja rezada *três vezes ao dia*. Também São Cipriano especifica cinco momentos para a oração do Pai-Nosso: ao raiar do sol, na divisão das horas: terça, sexta e nona, e ao pôr do sol. E, através de Cirilo de Jerusalém, sabemos que ela era rezada na divina liturgia, antes da comunhão.[44]

---

[41] Cf. MARTÍN-MORENO. *La Biblia*, p. 224; VALDÉS. *Que sabemos sobre a Bíblia?*, v. 6, p. 66-67.

[42] AGOSTINHO. Carta a Proba. In: *Liturgia da Horas* IV, 29ª Semana do TC, p. 360-361.

[43] A *Didaquê* (em grego clássico: Διδαχή – "ensino", "doutrina", "instrução") é um escrito do século I, estruturado em dezesseis capítulos, traduzido como *Instrução* ou *Doutrina dos doze apóstolos*, em forma de catecismo cristão. Apesar de ser uma obra pequena, possui prezado valor histórico, teológico e litúrgico.

[44] Cf. Daniel A. AYUCH. *Jesús, Maestro y Redentor. Doce lecturas del Evangelio desde el Cristianismo Oriental*. Buenos Aires: PCC/ABA, 2018. p. 95-96.

PAI-NOSSO, A ORAÇÃO DO ABBÁ

Quando os cristãos aprendem a rezar como Jesus ensinou, passam a experimentar esse amor que faz brotar em nossos corações as notas de um hino de louvor: louvor de amor a Deus, fundamento e garantia de amor benfazejo para todos os homens e mulheres de boa vontade.[45] Com efeito, o Pai-Nosso manifesta o louvor a Deus como Pai, de quem reconhecemos a magnificência sobre o universo. É nele que os cristãos aprendem a fazer a vontade do Pai, reconhecendo-o como bondoso e santificador.

O Pai-Nosso, fonte da oração cristã, pedra angular da continuada oração da Igreja, permite aos que creem, de modo pessoal ou reunidos em assembleia, elevar ao Pai uma oração simples, legítima e autêntica.[46] Educa-os na confiança de saber abandonar-se nas mãos do Pai (cf. Salmo 147,14). Pois é lamentável que os cristãos estejam acostumados a tratar rotineiramente a Deus de Pai, sem ponderar seriamente o que isso significa. Celine, irmã de Teresinha de Lisieux, também monja carmelita, entrou um dia na cela de Teresinha e ficou impressionada pela expressão de profundo recolhimento da sua irmã. Estava costurando atentamente, mas, no entanto, mostrava-se absorta, em profunda contemplação. "Em que está pensando?", perguntou-lhe Celine. Teresinha respondeu: "Medito sobre o Pai-Nosso. É tão doce chamar a Deus de *Pai nosso*!". E algumas cristalinas lágrimas escorregaram de seus olhos. Teresinha foi capaz de manter fresco o assombro...[47]

O Pai-Nosso é a oração da Igreja de todos os tempos. Nele está contido o desejo de glorificar a Deus. No meio de uma sociedade

---

[45] Cf. Carmine DI SANTE. *Liturgia judaica*, p. 251-254.
[46] Cf. CONFÉRENCE DES ÉVÊQUES DE FRANCE. *La prière du Notre Père*, p. 19-20.
[47] GONZÁLEZ-CARVAJAL. El Credo explicado a los cristianos un poco escépticos, nota 4, p. 32-33.

pouco evangelizada, a Oração do Senhor é melodia estranha; não consegue atingir as fibras dos corações cristãos para fazer perceber que Deus está perto e que, apesar das escuras noites, ele deseja deixar-se sentir. Por outra parte, a oração da comunidade, em que, "ao partir o pão da Eucaristia", Deus responde ao pedido de seus filhos e filhas: "o pão nosso de cada dia dai-nos hoje", nos convida, por sua vez, a repartir com os outros o pão do sustento terreno.

Segundo a ideia comumente aceita, rezamos para informar a Deus do que precisamos; mas Deus sabe do que necessitamos, antes que lhe digamos. Por isso, também não rezamos para fazer com que Deus deseje o que nós queremos. Rezamos porque é humano acorrer a quem confiamos o desejo de ajudar-nos a encontrar soluções. Por isso, quando rezamos, exprimimos nossos desejos mais sinceros e mais prementes. Assim, a oração é a melhor expressão de como é a nossa religiosidade e para que direção ela nos movimenta. Nisso radica a importância singular da oração que Jesus nos ensinou. Pois, nela, Jesus nos diz o que, diante de tudo, deve interessar na vida: as motivações e os valores que devem movimentar nosso comportamento para gerar vida feliz e igualitária em abundância.

O Pai-Nosso é a oração que Jesus dirige ao Pai para que seus discípulos permaneçam unidos depois de sua partida (João 17,21-23). O Espírito Santo forma o *nós comum* do Pai e do Filho e o *nós* dos cristãos, como corpo de Cristo. O *nós* mais natural aos homens também não é a eliminação do *eu*, senão "sua extensão aos outros". Contudo, um *eu* que seja invasivo corre o risco de monopolizar os que a ele se associam, e um *nós* exclusivo pode ser a expressão de uma vontade de poder oposta a outros *nós*. O *nós cristão* que forma o Espírito Santo requer a total e forte implicação do *eu* na desapropriação de si mesmo, o compromisso do *eu* em permitir crescer os "outros eus" e se pôr a serviço, o esquecimento de si mesmo sob o anonimato de um *eu* que, dissimulado num plural, se deixa dizer à maneira de um *ele*. Assim é o *nós* que a recitação cotidiana do Pai-Nosso deveria ajudar os cristãos a formar na Igreja universal: fecundas relações interpessoais, comunitárias e sociais. Acostumar-se a deslizar o *eu* em um tal *nós*, no *tu* como *eu*, senão *eu* como *tu*, é o sinal de que se instalou uma "Terceira pessoa".[48]

Infelizmente o Pai-Nosso pode acabar se tornando uma "oração desprezada", seja pelo costume, pela falta de percepção de sua beleza e da sua importância ou de sua riqueza e fecundidade espiritual, seja pela superficialidade ou pela carente sensibilidade espiritual da parte dos orantes. Sabendo que sempre flutuam em nossas vidas as ondas da fragilidade humana, a recitação da Oração do Senhor não poucas vezes é banalizada, ou "desprezada" (G. VANNUCCI).

Acontece que, estando a sós ou em assembleia, rezamos frequentemente o Pai-Nosso sem envolver nosso coração, apenas seguindo a onda do automatismo que faz as palavras serem repetidas por muitos lábios, sem entendermos o significado do que dizemos. Escondemos uma pueril ignorância sobre o significado das frases pronunciadas, impedindo que a reza dessa preciosa oração ressoe nas profundezas da nossa existência. Serão palavras inexpressivas, costumeiras, mecânicas. Não faltará, por vezes, um uso "fora de lugar", "sem sentido", "sem respeito", como aqueles que usam a oração "para marcar" o tempo de duração de alguma ação na Igreja: procurar citações bíblicas, fazer silêncio... Sejam quais forem esses usos "desapropriados" e "vulgarizados", certamente o Pai-Nosso restará sendo uma "oração martirizada"; isto é, uma oração que, apesar de poder ser "minusvalorizada", testemunhará sempre o amor do Pai por nós.[49]

---

[48] Cf. Joseph MOINGT. El Espíritu Santo: El Tercero. *Selecciones de Teologia* 162, p. 325, out./dez. 2003.
[49] Cf. Nicola MASTROSERIO. *Il Padre Nostro*, p. 11.

Jesus ensinou-nos a rezar o Pai-Nosso na primeira pessoa do plural. Mas, em alguns setores, promove-se o hábito de rezar ao "Pai meu", tornando isso um costume consolidado de ceder a uma piedade muito pessoal: *considerar Deus como "meu Deus"*. Isso não é apenas errado, *não é cristão*. Jesus é muito explícito nesse sentido: "Estou convosco quando *dois ou três* estiverem reunidos em meu nome" (cf. Mateus 18,19-20). A essencialidade da própria encarnação está na comunhão fraterna; Deus torna-se homem e irmão para partilhar a si próprio. Desse ponto de vista, a carta do Papa Francisco *Fratelli tutti* tem tons proféticos a respeito do individualismo da pós-modernidade. Também a respeito da renovação da Igreja, esse aspecto não pode ser omitido para superar uma tendência ao individualismo, que infelizmente persiste tentadoramente no seu interior.[50]

Se um cristão se pergunta como deve praticar a sua fé, encontrará uma resposta apropriada nas petições do Pai-Nosso. Nessa oração, Jesus deixou aos seus seguidores o legado mais conciso que possuímos para viver seus ensinamentos. É preciso tentar pô-la em prática e converter-se em bom cristão. Com o Pai-Nosso, o orante se sente membro de uma grande família, cujo Pai está sempre aí, disposto a escutar e a auxiliar-nos ante a tentação e a fragilidade. É um Pai/Mãe bondoso e misericordioso que nunca se esquece de entregar o necessário no momento justo (cf. Lucas 11,9-13). O cristão se encontra entre irmãos que colaboram, que se parecem com o Pai em sua bondade e na sua capacidade de perdoar. Por isso, a Oração do Senhor oferece um novo estilo de vida para todos aqueles que optam pelo caminho aberto por Jesus Cristo para a salvação da humanidade.[51]

---

[50] Cf. Andrea MONDA. Este é o Evangelho. *L'Osservatore Romano*, n. 46, p. 6, 17 nov. 2020.

[51] Cf. AYUCH. *Jesús, Maestro y Redentor*, p. 102.

Enfim, o Pai-Nosso é a maior e a mais paradoxal oração dos cristãos. Rezam-na todos os cristãos, mas nunca se fala de Jesus Cristo; reza-se em todas as igrejas, mas não se nomeia Igreja nenhuma. Reza-se aos domingos, mas nela não se fala dos domingos. Chama-se Oração do Senhor, mas não se fala de Senhor nenhum. Rezam-na todos os cristãos "fundamentalistas", mas ela não fala da "falta de erros" na inspiração da Bíblia, nem do nascimento virginal de Jesus, dos milagres, da morte ou da sua ressurreição. Rezam-na os cristãos evangélicos, mas nela não se menciona o Evangelho; rezam-na os cristãos pentecostais, mas nela não se dá o Espírito Santo. Rezam-na os cristãos católicos, mas nunca se fala de bispos e de padres, nem do Papa... Rezam-na os cristãos que focam na religião, olhando só para o céu ou para o inferno, mas nela nunca se menciona o céu ou o inferno. Alguém poderia dizer que em se tratando de uma oração de Jesus, que era judeu, nela certamente nada haverá de cristão. Mas isso aprofunda a questão, pois, se aceitarmos que ela pode ser uma oração típica judaica, nela far-se-ia menção da aliança, da Lei, da circuncisão, do Templo, da Torá, e nada disso é observado. Parece que a Oração do Senhor é um "manifesto revolucionário" e um "hino de esperança", porque supõe e proclama uma visão radical de justiça, que constitui o núcleo central da tradição bíblica de Israel; é um hino porque supõe e apresenta recursos poéticos que se encontram no coração mesmo da poesia bíblica de Israel.[52]

---

[52] Cf. CROSSAN. *Cuando oréis, decid: "Padre nuestro..."*, p. 11-12.

Como deve ser a oração cristã segundo o Pai-Nosso[53]

AMPLA. Não podemos limitar-nos apenas aos nossos problemas pessoais; o primeiro centro de interesse deve ser o triunfo de Deus no próximo.
PROFUNDA. Ao apresentarmos nossos problemas, não podemos ficar no superficial e urgente: o pão é importante, mas também o perdão, a força de vivermos como cristãos, ver-nos livres de toda escravidão.
ÍNTIMA. Em um ambiente confiado e filial, já que nos dirigimos a Deus como Papai.
COMUNITÁRIA. Rezamos Pai nosso, não Pai meu; dai-nos, perdoai--nos etc.
QUE NOS DISPÕE A PERDOAR. Como nos advertem os versículos 14-15, que Mateus acrescenta imediatamente depois do Pai-Nosso.

O grande São Francisco de Sales, bispo de Genebra,[54] escreveu:
Senhor, meu Deus,
vós sois maior que nossas palavras,
mais silencioso que o nosso silêncio,
mais profundo que os nossos pensamentos,
mais elevado que os nossos desejos (...)
Dai-nos, ó Deus soberano,
tão grande e tão próximo,
um coração cheio de vida,
olhos novos para descobrir-vos
e acolher-vos
quando vindes a nós.

---

[53] Cf. José Luis SICRE. *El Evangelio de Mateo. Un drama con final feliz.* Estella: EVD, 2019. p. 135.

[54] Francisco de Sales (21/8/1567-28/12/1622). Notável bispo de Genebra. Declarado santo e Doutor da Igreja. Ficou famoso por sua fé convicta e por sua abordagem gentil e pacificadora aos conflitos religiosos que inflamaram sua diocese durante a Reforma Protestante. Escreveu muitas obras sobre direção e formação espiritual, particularmente: *Introdução à vida devota* e *Tratado do amor de Deus* (cf. PAGOLA. *Dejar entrar en casa a Jesús,* p. 213-214 – tradução livre de minha autoria).

2.
O Abbá/Immá-amor nosso

> "O Deus de Jesus Cristo é um Deus revelado
> sob a forma da fragilidade"
> (Juan Martín Velasco).

> "O Deus em que seus discípulos acreditamos é assim:
> um Deus frágil que não ostenta outro poder
> a não ser o poder de seu Amor"
> (José A. Pagola).

"Pai nosso dos céus": a expressão diz aqui em quatro palavras o que em hebraico se exprime em duas: *abinou shèbashamaîms*. Notemos que *shabaîms* só existe em hebraico no plural, daí a tradução latina em plural *caelum*: "céus".[1]

Pois seria irônico responder à pergunta "Deus, onde estás?" com um lacônico "nos céus". Para o salmista, não, pois: "Por que diriam as nações: 'Onde está o Deus deles?' O nosso Deus está no céu: tudo quanto quis, ele o fez" (Salmo 115,2-3). Chamar Deus de aquele que está nos céus – plural hebraizante –, ou chamá-lo

---

[1] Cf. André CHOURAQUI. *A Bíblia – Matyah*. Rio de Janeiro: Imago, 1996, nota 9. p. 108.

simplesmente "os céus" (*Os céus te abençoem*), é uma maneira plástica de significar sua "transcendência"; o que é "inatingível para nós".

Na verdade, numa primordial percepção humana, o que se chama "Deus" faz pensar no último refúgio, o respaldo firme, o ponto de segurança vital, a realidade na qual se pode acreditar, à qual se pode dar crédito incondicional. Essa "realidade", que exige, do ponto de vista teológico, a "transcendência", vai se concretizar na experiência humana como um efeito prático concretizado na *plena confiança*.[2]

Quando essa percepção divina se plasma como "paternidade presente", resume toda a experiência de Israel: Deus estava no Sinai, Deus estava do lado de seu povo oprimido, Deus acompanhava seu povo pelo deserto, Deus estava com ele no exílio, e, depois, no novo templo restaurado. A morada no céu reflete-se na *shekiná*, a inabitação de Deus na terra. Por isso, não é alienante rezar a um Deus Pai "no céu", soberano – certamente, não se depois se pede que sua vontade seja feita, "como no céu, assim na terra" (Mateus 6,10c). "Venha teu Reino, seja feita tua vontade" (Mateus 6,10). Trata-se de um paralelismo hebraico. As duas frases são sinônimas. Onde se faz sua vontade, ele reina. *A fortiori*, está presente. "Deus, onde estás?" Onde se faz sua vontade. O sofrimento não é mais a marca da ausência de Deus. Pode ser a marca de sua presença, lá onde se sofre e se é perseguido por causa da justiça, do amor fraterno, do empenho pelos excluídos. Deus está aí: "Onde reina a caridade, Deus aí está".

---

[2] Cf. Antonio BOGAZ; Marcio COUTO (orgs.). *Deus onde estás? A busca de Deus numa sociedade fragmentada*. São Paulo: Loyola, 2001. p. 24-25.

PAI-NOSSO, A ORAÇÃO DO ABBÁ

Literalmente, as primeiras palavras do Pai-Nosso dizem: "Pai de nós", segundo Mateus 6,9. Colocamos aí todas as pessoas por quem desejamos orar, todos os seres queridos, todos os esquecidos, especialmente os mais pequenos e vulneráveis. Quando se diz "Papai nosso", devemos sentir que o nosso coração se alarga a ponto de todos terem aconchego. Papai dos que me amam, também dos que me desejam o mal e dos que me causam danos. O Pai inclui todos no seu coração; o Pai não é propriedade dos bons; ele deseja oferecer um projeto integrador. Seu desejo, manifestado na vida e nos ensinamentos de Jesus, é de que sejamos misericordiosos como ele, isto é, que reproduzamos na terra a misericórdia que ele derrama no céu: é essa a chave preciosa de toda a Boa Notícia do Evangelho (PAGOLA).

Ousamos dirigir-nos a Deus como "Pai" porque renascemos como seus filhos e filhas através da água e do Espírito Santo (Batismo) (cf. Efésios 1,5). Na verdade, ninguém poderia chamá-lo familiarmente de *Abbá*, sem ter sido gerado por Deus, sem a inspiração do Espírito maternal (cf. Romanos 8,15). Quantas vezes as pessoas repetem "Pai nosso", mas não sabem o que estão dizendo. Porque, sim, é o Pai, mas será que, quando dizem "Pai", sentem que ele é o Pai, o seu Pai, o Pai da humanidade, o Pai de Jesus Cristo? Elas têm uma boa relação com esse Pai?[3]

Devemos ainda pensar na palavra "nosso". Só Jesus podia, com pleno direito, dizer "meu Pai", porque só ele é realmente o Filho unigênito de Deus, que compartilha da mesma vida, das suas entranhas de Pai. Pois, como professou eloquentemente o Concílio de Toledo: "Filho natus ex utero Patris"; isto é, um Pai com "ternura parturiente".

---

[3] Cf. Papa FRANCISCO. Como rezava Jesus. *L'Osservatore Romano*, n. 2507, p. 16.

Rezamos em sua presença: "Pai nosso". Só no "nós" dos discípulos é que podemos dizer "Papai" a Deus, porque somos realmente "filhos e filhas de Deus" por meio da comunhão com Jesus Cristo (inseridos em sua particular filialidade pelo Batismo).[4] Assim, a palavra "nosso" contém em si uma enorme pretensão: exige que deixemos a clausura de nosso eu; que nos abandonemos à comunidade dos outros filhos de Deus. Ela requer que nos desfaçamos do que em nosso próprio eu separa; que aceitemos os outros – abrindo para eles o nosso ouvido e o nosso coração. Com a palavra "nosso", dizemos sim à Igreja viva, na qual o Senhor quis reunir a sua nova família. Assim, o Pai-Nosso é simultaneamente uma oração totalmente pessoal e inteiramente eclesial. Na força dessa oração, rezamos com todo o nosso coração, mas rezamos também em comunhão com toda a família de Deus, com os vivos e com os mortos, com os homens e as mulheres de todos os horizontes, de todas as culturas, de todas as raças. Ele faz de todos uma só família que vai muito além das fronteiras.[5]

Jesus falava *Abbá*, termo aramaico que usava para se dirigir carinhosamente a seu Pai; aparece, no mínimo, 174 vezes nos Evangelhos. Seu significado é "Papai", ou melhor, "Papaizinho amado" (J. FARIA). Pois bem, a relação de intimidade filial que se estabelece entre Jesus e o Pai pode ser vista no termo *Abbá*. A palavra *Abbá* originariamente reflete a linguagem infantil usada pelas crianças para dirigir-se ao pai, ainda que, posteriormente, tenha sido usada também por pessoas adultas para falar com pessoas idosas, expressando carinho e respeito, amor e atenção, intimidade e devoção.

---

[4] Cf. Francisco TABORDA. *Nas fontes da vida cristã*. 3. ed. São Paulo: Loyola, 2012. p. 125-130.
[5] Cf. Joseph RATZINGER. *Jesus de Nazaré*. 2. ed. São Paulo: Planeta, 2017. p. 131.

Por isso, conhecendo a intimidade do "nazareno", a atual pesquisa bíblica nos faz perceber que, enquanto no costume familiar judaico não existe prova nenhuma indicando que Deus fosse invocado como *Abbá*, constatamos que Jesus em suas orações "sempre se dirige a Deus com essa palavra" (exceção feita exclusivamente à exclamação que Jesus faz na cruz – Marcos 15,34; Mateus 27,46). Por outro lado, isso significa que, ao utilizar essa palavra em suas orações, ele fala com Deus do mesmo modo que uma criança fala com seu pai: com pueril confiança, seguro e, ao mesmo tempo, respeitoso e disposto à obediência. Sabemos, ainda, que as primeiras comunidades, seguindo o exemplo do Mestre, também usavam a invocação *Abbá* para dirigir-se a Deus (Mateus 6,9; Lucas 11,2; Romanos 8,15; Gálatas 4,6). Portanto, quando falamos do Pai utilizando os escritos do Novo Testamento, falamos de Deus. É correto dizer, então, que, para os cristãos, *Deus e Pai são termos equivalentes e intercambiáveis*; ambos designam o mesmo mistério.[6]

Entre todas as palavras da linguagem humana que podem falar de Deus, Jesus escolhe a palavra "Papai". Sem dúvida, é a que mais de perto pode iluminar o mistério profundo do nosso relacionamento com Deus. Que diferença existe entre um homem qualquer e um pai? Pai é aquele que, com a mãe, dá vida a um filho. A nossa vida é dom amoroso do pai, da mãe e de Deus. Quando o filho cresce, respeita-o, e continua a querê-lo muito bem. Para descrever de um modo sublime o amor desse pai pelos filhos, Jesus nos deixou a parábola do pai misericordioso (Lucas 15,11-32).

Certamente, invocar a Deus com o nome de "Papai" não significa projetar sobre o seu absoluto nossa experiência – muito limitada – de paternidade. Trata-se de uma preferência divina, com a

---

[6] Cf. José M. CASTILLO. *Deus e nossa felicidade*. São Paulo: Loyola, 2006. p. 145-148.

qual Deus se apresenta, para estabelecer conosco uma relação que inscreve na história uma presença que acompanha e sustém. É essa a dinâmica do nome divino que emerge com força do testemunho bíblico e culmina no evento de Jesus, o Filho amado que Deus Pai ressuscitou pelo poder do Espírito. O mesmo Espírito que grita em nós "*Abbá*, Papai", atestando a nossa identidade de filhos e filhas. Deus é "aquele que gera o Filho em um ato de comunicação de si total e eterna"; o alcance dessa revelação insurge da tradição teológica da Igreja e vem desafiada a se colocar em diálogo com as atuais instâncias da cultura.[7]

Agora, essa proximidade filial de Jesus com seu Pai, o *Abbá*, experimentada em Nazaré, deu-lhe a valentia profética para anunciar o Reino de Deus, que não se baseia na riqueza nem no poder, senão no descentramento de si mesmo para se oferecer em serviço desinteressado aos outros, especialmente aos mais pobres e excluídos. É um Reino de perdão, de confiança filial, que faz com que cada um não viva engolfado em seus ilusórios méritos – como esperavam os fariseus –, mas sim confiantes na misericórdia entranhável do Pai de todos.[8]

Como dissemos, Jesus teve a audácia e até o atrevimento de substituir o nome de Deus pelo apelativo de "Papai". Uma invocação que, do modo como foi pronunciado por ele, não encontramos em nenhum texto do AT. Mais do que isso, o fato de fundamental importância é que, embora não tenhamos uma única prova de que Deus fosse invocado com o nome de *Abbá* (Pai), vemos que Jesus em suas orações se dirige sempre a Deus com essa palavra, única exceção feita ao grito que deu na cruz ao recitar o Salmo 22,2 (Marcos 15,34; Mateus 27,46). Pois bem, se em uma religião o

---

[7] Cf. Alberto COZZI. *Dio Padre*. Cittadella Editrice, 2021.
[8] Cf. Víctor CODINA. *Una Iglesia nazarena. Teologia desde los insignificantes*. Santander: Sal Terrae, 2010, nota 5. p. 14.

mais importante é a ideia e a experiência que nela se têm de Deus, parece não haver dúvida de que Jesus se deu conta de que a primeira e mais importante renovação a ser feita no Judaísmo de seu tempo era o conceito e a forma de se relacionar com Deus. E aí, precisamente nisso, é onde Jesus tocou fundo e modificou as ideias religiosas de seu povo em um nível tal, que ainda hoje nos parecem inconcebíveis. Jesus falou de Deus "em termos humanos", e o revelou de um modo que os humanos não podem – e certamente não podem – nem imaginar.[9]

Jesus tratava e falava com Deus como "seu *Abbá*", "seu Papai" (cf. Mateus 5,16; João 16,27), com expressões carinhosas e cheias de afeto filial. Isso surpreendia muitas vezes os seus contemporâneos, que experimentavam um certo temor diante de Deus, a ponto de nem ousarem nomeá-lo. Sem dúvida, tanto Jesus como nós estamos envolvidos em seu amor de Pai, segundo o pedido que Jesus lhe dirige em favor de seus discípulos (João 17,26); ao clamarmos *Abbá*, queremos falar de nosso amor e de nossa vontade de estar reconciliados com ele. Vem ao nosso coração a lembrança da ternura com que o Pai recebe em seus braços o filho que retorna ao lar (Lucas 15,11-32).

Ao clamarmos *Abbá*, queremos falar de nossa fé em sua misericórdia e de seu amor infinito por nós. Queremos, como crianças, viver a alegria de receber o beijo e o afago do Pai que cuida de nós, porque valemos mais do que os pássaros do céu e a erva do campo.[10] Para ligar Deus com a sua misericórdia, antes de examinar a sua revelação em Jesus, devemos perceber a revelação do nosso Deus a Moisés. Quando Moisés pergunta a Deus: "Mostra-me a tua glória" (Êxodo 33,18), ouve a resposta: "Farei passar diante de ti toda a minha bondade e

---

[9] Cf. CASTILLO. *Jesus. A humanização de Deus*, p. 77 (é interessante ler a nota 22).
[10] Cf. João Alves de OLIVEIRA. *Abbá! Deus é Pai*. Vida Pastoral, n. 207, p. 30-31, jul./ago. 1999.

proclamarei meu nome... a quem demonstre misericórdia/compaixão, eu a demonstro" (Êxodo 33,19-20). Eis o nome do nosso Deus: misericórdia e compaixão (*rachum we-channun*), amor (*chesed*) e fidelidade. Pois é um amor profundo, visceral (*rechem*) e marcadamente maternal (*rachamim*); portanto, misericordioso, bondoso na gratuidade, compassivo e fiel.[11]

O tema de Deus é certamente decisivo para direcionar a vida, seja para o bem, seja para o mal. A crença num Deus bondoso que está do nosso lado tem humanizado muitas pessoas. Assim como, por outro lado, uma imagem de Deus deturpada levou à desumanização de muitas outras. Por isso, Jesus insiste em que, quando acudimos a Deus, seu Pai, nosso coração e nossa mente devem acolher a bondosa imagem de um "Pai", e não de um "déspota" ou um "tirano". Peçamos a Deus isso; sobretudo, que ninguém falte com respeito a seu nome, ou seja, que seu nome não seja usado para dar uma ordem que ele nunca quis dar e que nem deve ser executada: privar as pessoas da sua liberdade, da sua dignidade e da sua felicidade. Menos ainda, para fazer que as pessoas se sintam mal, culpadas, ameaçadas e indignas. Se sobre Deus pensamos e sentimos como Jesus nos ensina no Pai-Nosso, este resultará, assim, na melhor oração que se pode fazer.[12]

Segundo o coração de Jesus, o que define a Deus não é o seu poder, senão a comunicação de sua bondade, do seu amor compassivo e misericordioso, gratuito e incondicional (Lucas 15). Em Jesus, Deus deixou de ser ambíguo: é unicamente Amor solidário. Jesus viveu uma relação de comunhão apaixonada e amorosa com o Pai. Por isso, ele chama seu Pai de *Abbá*, "papai querido", e se orgulha disso. Sua relação com o Pai o leva a se relacionar com as

---

[11] Cf. Enzo BIANCHI; Goffredo BOSELLI. *Il vangelo celebrato*. Cinisello Balsamo: San Paolo, 2017. p. 150-152.

[12] Cf. CASTILLO. *La Religión de Jesús. Comentario al Evangelio diário – 2021*, p. 214-215.

pessoas, valorizando-as acima de tudo. Jesus vivia a vida "olhando para seu Papai".[13]

Jesus deseja ardentemente que confiemos plenamente em seu Pai. Deseja romper as limitações impostas ao seu Amor. Que seus seguidores não esqueçam isso. Jesus não diz que os que pedem coisas ao Pai as recebem imediatamente, que encontrarão o que estão procurando ou que alcançarão o que clamam. Sua promessa é outra: aos que confiam nele, *Deus mesmo se entrega*; quem acorre a ele receberá coisas boas. Para exemplificar, apresenta três situações: que pai ou mãe, quando o filho lhe pedir um pedaço de pão, lhe dará uma pedra arredondada, como as que encontramos à beira dos caminhos da Palestina; ou, se lhe pedir um peixe, lhe dará uma cobrinha-d'água, como as que aparecem enredadas nas redes de pesca; ou, se lhe pedir um ovo, lhe dará um escorpião enrolado, como os caramujos da Palestina, que se escondem entre as pedras e parecem como que um pequeno ovo embranquecido. Os pais bons não enganam seus filhos; muito menos o Papai do céu, a seus filhos e filhas (cf. Lucas 11,1-13).[14]

Os evangelistas manifestam clara convicção de que Jesus havia adquirido a consciência de penetrar na própria intimidade de Deus, no coração de sua vida cotidiana, e exortava a termos o mesmo relacionamento com seu Deus. Convocava as pessoas a crerem, a depositarem nele a esperança de salvação e a certeza do perdão dos pecados; sem desviá-los de Deus nem se colocar à sua altura; menos ainda, sem se colocar no seu lugar, porque Jesus tinha certeza de que todos poderiam atingir – por meio dele – familiar comunicação com Deus.

---

[13] Cf. Xavier de AGUIRRE. *Tan hombre que es Dios. Jesús histórico, en los evangelios y entre nosotros*. Buenos Aires: PPC, 2015, nota 144. p. 167.

[14] Cf. José Antonio PAGOLA. *La Buena Noticia de Jesús – Ciclo C*. Buenos Aires: PPC Argentina, 2018. p. 188-190.

Assim podemos entender, mesmo com certa perplexidade, que, estando Jesus a padecer na escuridão da cruz, questionou-se: "Meu Deus, por que me abandonaste?". No entanto, quando tomou a decisão de ir a Jerusalém, sabendo ao que se exporia, manifestou interiormente: "Eu te louvo, Pai, Senhor do céu e da terra, porque escondeste estas coisas aos sábios e entendidos e as revelaste aos pequeninos" (Mateus 11,25-27; Lucas 10,21ss). Na intimidade de Jesus, há uma presença de amor a toda prova; aconteça o que acontecer, Deus é seu *Abbá*, Papai de ternura infinita, em quem sempre podemos confiar.[15]

Em Jesus Cristo, Deus se revela sob a forma da debilidade/fragilidade carnal. O centro da revelação de Deus em Jesus Cristo não é a onipotência divina, senão a debilidade, a impotência que lhe impõe o amor: os homens – escreveu Bonhoeffer (*Resistencia y sumisión*) – se dirigem a Deus em suas desgraças; os cristãos estão junto de Deus em seu sofrimento. Paul Ricoeur assim o expressava: necessitamos reformular em termos de amor a concepção tradicional da onipotência divina. O único poder de Deus é o amor desarmado. Deus não tem outro poder, a não ser o de amar. As pessoas se dirigem a Deus quando se sentem necessitadas... os cristãos estão com Deus em sua paixão. Isso é o que distingue os cristãos dos que não o são. O homem é chamado a padecer com Deus no sofrimento que o mundo, sem Deus, inflige a Deus. Quando renunciamos a ser algo... nesse momento nos abandonamos completamente nos braços de Deus, e já não levamos a sério o nosso próprio sofrimento, e sim os sofrimentos de Deus no mundo, então velamos com Cristo no Getsêmani. Isso, acredito, que seja a fé.[16]

---

[15] Cf. Jesús ESPEJA. *Huellas con futuro*, p. 153.
[16] VELASCO. Ser creyente hoy. In: VV.AA. *Fijos los ojos en Jesús. En los umbrales de la fe*. Buenos Aires: PPC, 2012. p. 44-45.

Se é certo que o termo "Deus" (*Theós*) provém do sânscrito *dev*, aí mesmo podemos encontrar uma explicação para o que aconteceu. "Dev" significa "luz" ou, mais exatamente, "luminosidade que atravessa a opacidade" e que, portanto, em tudo se manifesta. Assim seria como alguns de nossos antepassados designaram a experiência inefável que viveram: uma experiência luminosa, mas também serena, amorosa, plena... A realidade que captaram naquela experiência chamaram de "dev" (luminosidade)... Tinha razão Willigis Jäger, quando afirmava que Deus *não quer ser adorado, senão vivido*. Se Deus aparecesse como todo-poderoso, reclamaria atenção e exigiria submissão; mas não é assim, Deus é total doação; percebemos que Deus não é senão o *dar-se a si mesmo permanente*, e que, doando-se, está vivendo em cada um de nós como forma na qual *Deus quer viver*.[17]

Daí podermos entender qual a única forma de "conhecer" a Deus, o Pai de Jesus, e como ele veio a nós, pois a divinização (o acesso a Deus) aconteceu porque houve a *humanização de Deus*. Por isso, a partir daquele homem frágil que foi Jesus de Nazaré, o conceito e a significação de Deus mudaram radicalmente. Só podemos encontrar a Deus fazendo o que ele fez. Assim, se Deus se humanizou em Jesus, não há outro meio de encontrá-lo, a não ser nos tornando profundamente humanos.[18]

As entranhas da misericórdia do nosso Deus (Lucas 1,78) nos chegam por meio da ternura maternal da Igreja. Na verdade, o Cristianismo é a religião da misericórdia: o cume da religião cristã consiste na misericórdia quanto às obras exteriores (TOMÁS. *Suma Theologica* II-II, Q.30, a.4, ad2). Inspirada nas palavras de

---

[17] Cf. Enrique Martínez LOZANO. *Qué decimos cuando décimos el Credo? Una lectura no-dual*. 2. ed. Bilbao: Desclée de Brouwer, 2012. p. 31-34.
[18] Cf. CASTILLO. *Deus e nossa felicidade*, p. 88-89.

Jesus, a religião cristã fomentou a prática das obras de misericórdia e criou uma cultura da misericórdia. A misericórdia é a raiz do agir divino, que se atribui a Deus em sumo grau (*Suma Theologica* I, Q.21, aa.3 e 4). É a compaixão do coração diante das misérias alheias. É a forma histórica do amor, porque na história os seres humanos sempre sofrem males e afeições. Deus nos ama com um amor afetuoso, com o qual se une a nós e nos une a ele, de modo a sermos um com ele. E nos salva com uma misericórdia efetiva que remedia operativamente as misérias espirituais e corporais que nos fazem sofrer (cf. *Suma Theologica* II-II, Q.27, a.2 e Q.21, a.3).

A misericórdia exprime com transparência o fundo do ser de Deus como amor. A cruz pascal de Jesus revela que o amor de Deus é mais forte que o pecado, a morte e o mal. Por isso, a misericórdia é a viga mestra que segura a vida, a missão e a reforma da Igreja (W. KASPER).[19]

Para aprendermos a rezar bem o Pai-Nosso, é preciso saber que da imagem do Pai que nos revela Jesus em sua vida, e *o revela plenamente*, pode-se extrair dois impactantes ensinamentos:[20]

- *Jesus mudou "admiravelmente" o conceito de Deus.* É impactante para nós percebermos que o que Jesus ensinou sobre Deus, seu Pai, e sobre o estilo de vida que exige de seus discípulos "é o mais excelso que a mente humana pode pensar": que Deus é nosso Pai e que nós, pondo fim aos nossos egoísmos, devemos comportar-nos como irmãos e irmãs que se amam

---

[19] Cf. Carlos María GALLI. La reforma misionera de la Iglesia según el Papa Francisco. In: VV.AA. *La reforma y las reformas en la Iglesia*. Maliaño: Sal Terrae, 2015. p. 56-60.

[20] Cf. CASTILLO. *Deus e nossa felicidade*, p. 88-89.

incondicionalmente e se ajudam para viver melhor uns com os outros.[21]

Certamente, Jesus "não inventou um Deus novo", mas, se efetivamente cremos que Jesus "é a revelação mais plena e profunda de Deus", então temos de afirmar que o Deus revelado por ele é, sem dúvida, o Deus vivo e verdadeiro. Pois, uma das características da espiritualidade de Jesus é sua absoluta confiança em um Deus Pai de todos: essa confiança de Jesus é a chave de toda a sua espiritualidade.

Pois, se não conhecemos esclarecidamente o que Jesus nos revela de seu Pai, o conhecimento de Deus será muito *parcial e excessivamente limitado* e nos levará naturalmente ao distanciamento. Pelo contrário, deve-se insistir em que o Deus que se revela em Jesus é a partir da "fraqueza e da compaixão"; se conhecermos a Deus como Jesus nos ensina, uma nova confiança despertará nos corações dos humanos, para serem encorajados na esperança. Essa é a razão pela qual Paulo afirma que a maior "loucura" e o maior "escândalo" que nos são revelados na morte de Jesus é "a fraqueza de Deus" (*astheneia tou Theou*) (1 Coríntios 1,25). O Deus de Jesus Cristo é o Deus da história; comove-se pelos sofrimentos das criaturas, *autoesvazia-se* (em Jesus Cristo) na história e se submerge no sofrimento, inclusive até a morte. Jesus Cristo é o sacramento de Deus para o mundo. É o *universale concretum*, ou seja, a pessoa concreta e singular com nome determinado, *no qual* e *por meio* do qual se concede ao mundo a salvação universal.[22]

---

[21] Cf. Ramón HERNÁNDEZ. Que nos llega hoy de Jesús de Nazaret. *Religión Digital*, 18 jul. 2022.

[22] Cf. Walter KASPER. *Escritos esenciales*. Maliaño: Sal Terrae, 2018. p. 72-76; José Antonio PAGOLA. *A renovação do Cristianismo* (Recuperar Jesus como Mestre interior). Petrópolis: Vozes, 2019. p. 16.

- *Jesus mudou "definitivamente" a maneira de encontrarmos a Deus.* Porque, se o Deus que nos foi revelado em Jesus se entende a partir do amor excessivo que se fragiliza por nós, como diz Paulo, não é "no poder" deste mundo que se encontra a Deus, por mais que se trate do poder mais religioso que alguém possa imaginar. Se aceitarmos essa fraqueza de Deus, então encontraremos a Deus na medida, e somente nessa medida, em que nos solidarizamos com a fraqueza e, além do mais, imergimos nessa fraqueza. Eis por que Jesus de Nazaré nasceu fraco e pobre, viveu entre os fracos e os pobres, e acabou sua vida como o ser mais fraco, mais pobre e mais desamparado deste mundo. Assim, ele traçou o caminho para encontrar a Deus. Dessa forma, Jesus nos diz e continua a dizer que acima de todas as teorias que qualquer pessoa possa inventar; acima também de todas as teologias que podem haver, o único caminho para encontrar a Deus está em unir-se, fundir-se e confundir-se com tudo o que traduz fraqueza, dor, sofrimentos e pobreza nesta vida (cf. Mateus 25,31-46).

O Pai-Nosso é uma oração pessoal, mas no sentido de pessoal "com todos", e não de "privado intimista". Sem dúvida, podemos rezá-la sozinhos, mas nunca estamos sozinhos quando fazemos isso; é uma oração que pertence ao Corpo de Cristo (cf. CRISÓSTOMO): à Igreja e a toda a humanidade.[23] Pois Jesus é "mestre de humanidade"; daquela humanidade que é espelho do divino; daquele homem e mulher que é imagem de Deus, em que tudo o que é humano diz respeito ao próprio Deus.

---

[23] Cf. CROSSAN. *Cuando oréis, decid: "Padre nuestro..."*, p. 57-64.

A revolução que Jesus trouxe sobre Deus, seu Pai, e que João afirma incisivamente: *Deus é amor* (1 João 4,8); ainda, que Deus é rico em misericórdia (Efésios 2,4). O Papa Francisco vai proclamar a revolução da ternura de Deus iniciada com a Encarnação do Verbo. A verdadeira fé no Filho de Deus, feito carne, é inseparável do dom de si, da pertença à comunidade, do serviço, da reconciliação com a carne dos outros. O Filho de Deus, em sua encarnação, nos convida à revolução da ternura (cf. EG 88).

Há alguns anos, Von Balthasar proclamou: "há um só amor" (só a caridade). Se, desaparecendo Deus, perdura o amor, vale dizer que a Deus (ao Deus que "se faz nada para nos enriquecer com a sua pobreza") não lhe preocupará muito o seu exílio, porque seremos as pessoas que ele quis que fôssemos. Porque, de algum modo, a fé seguiria, já que "só o amor é matéria de fé".[24] Pois a experiência do Deus de Jesus relativiza tudo (e muito seriamente), mas não "o aniquila". As coisas, uma vez relativizadas, recebem uma densidade e um valor que não são os atribuídos a elas mesmas, senão o valor que Deus lhes doa gratuitamente. Porque, definitivamente, o amor resume o significado transformador da existência de Deus.

Para manter vivo e ativo esse significado transformador, os cristãos, muito mais do que propagar a fé em Deus, haverão de procurar não oferecer falsas imagens dele; ainda, converter sua crença em Deus em autêntica fé, dotando-a da máxima radicalidade possível: "se lançar ao vazio amando *confiadamente* no Deus invisível"

---

[24] Quando falamos que "só o amor é matéria de fé" ou que "só o amor é digno de fé", não nos estamos referindo ao *sujeito* que transmite a fé, *senão à fé transmitida*. Isso não quer dizer que só quem ama é digno de ser crido, senão que *só o amor converte a fé em verdadeira fé* (cf. José I. González FAUS. *Después de Dios...* Maliaño: Sal Terrae, 2018, nota 1. p. 146).

(K. BARTH). Não esqueçamos nunca que foram pessoas crentes em Deus que condenaram à morte a revelação pessoal de Deus em Jesus Cristo. E isso não por serem judias (como se pensou durante um bom tempo), mas por *crerem mal* em Deus.[25]

Por isso, quando os apóstolos pediram que lhes ensinasse a rezar (cf. Lucas 11,1), Jesus ensinou que sempre deveriam chamar a Deus de Papai e ter com ele uma atitude de filial confiança, que consiste em adotar o modo de ser um filho/filha que ama e é amado por Deus, manifestado por Jesus.

Os apóstolos haviam aprendido dos lábios de Jesus a chamar a Deus de Papai! Os judeus às vezes invocavam a Deus como *ábi*, enquanto o pai terreno era chamado de *abbá*. Existia um verdadeiro cuidado em distinguir uma paternidade de outra. Mas Jesus, de maneira desconcertante, começa a chamar a Deus de *Abbá/Abinú*. Referida a Deus, essa palavra aramaica torna-se tão admirável e inusitada, que Paulo, embora escreva em grego, não pode fazer menos que conservá-la, como expressão intraduzível.

Invocar a Deus como *Abbá* é peculiar, não apenas de Jesus, mas também de seus seguidores. De forma que, segundo o NT, a designação de "Pai", no sentido familiar dessa palavra, é característica dos cristãos (Marcos 14,36; Gálatas 4,6; Romanos 8,15). De fato, esta foi a expressão que Jesus ensinou a seus discípulos, para que com ela se dirigissem a Deus, como oração própria e característica dos que creem em Jesus, da mesma maneira que os seguidores de João Batista tinham sua peculiar forma de orar (Lucas 11,2; Mateus 6,9). Leve-se em conta que o mais interessante da invocação de Deus como *Abbá* é que se trata de um "clamor" ou um "grito" (*krádson*), que na realidade

---

[25] Cf. FAUS. *Después de Dios...*, p. 146-149.

é um "testemunho de liberdade". Porque "gritar forte é sinal de que se é livre", enquanto o escravo geme. Isso quer dizer que a oração direcionada a Deus como Pai não é uma relação de sujeição, menos ainda de escravidão, mas *um grito de liberdade*. Quem prega um Deus de submissão e de domínio não está falando do Deus de Jesus, do Deus dos cristãos, mas sim (por vezes, sem sabê-lo) de um tirano inconscientemente inventado por ele, talvez porque assim pode justificar suas pretensões de autoritarismo e submissão das consciências. Desse modo, na experiência de Jesus e dos primeiros cristãos, *o nome próprio de Deus é "Pai"*.[26]

Para nós, cristãos, é de vital importância nunca falarmos do Pai desligado daquele que é tudo para ele: seu Filho amado, Jesus Cristo, que o revela e o apresenta como seu Papai e que dele recebe todo o seu Amor (*exeghésato* = ἐξηγήσατο – João 1,18). Sem Jesus Cristo, a imagem visível do Deus invisível, o nosso Deus não tem rosto, não tem "visibilidade" (cf. Colossenses 1,15); mas sabemos que o rosto manifestado em Jesus define que Deus é amor misericordioso (cf. 1 João 4,8.16). Então, a verdadeira pergunta dos homens e mulheres de hoje não é tanto: "Deus existe?", senão: "Qual Deus?", isto é, "Qual é o rosto de Deus?", daí que o grito de nossos contemporâneos, por vezes silencioso, é: "Queremos ver Jesus" (João 12,21). Parafraseando um ensinamento rabínico que diz "o enviado de um homem é como ele mesmo" (*Mishna Berakkot* 5,5), podemos dizer então que "Jesus, o enviado do Pai, é como ele mesmo".

O conteúdo do Pai-Nosso brota do grito de júbilo que Jesus pronuncia, chamando Deus de "Pai" (evocado em aramaico como *Abbá*, com dúplice invocação): Jesus agradece-lhe por sua ação

---

[26] Cf. CASTILLO. *Jesus. A humanização de Deus*, p. 114-115.

reveladora em relação aos simples (Mateus 11,15-26; Lucas 10,21) e estabelece a relação que une Jesus, Filho, com Deus, seu Pai. Afirma Jesus: "Tudo me foi dado por meu Pai" (Mateus 11,27a; Lucas 10,22a). O conhecimento entre Jesus e o Pai é recíproco, visto que ninguém conhece o Filho senão o Pai, e ninguém conhece o Pai senão o Filho (Mateus 11,27; Lucas 10,22). Nesse mútuo conhecimento, inclui-se tudo o que contém o conceito bíblico de conhecimento: a vontade de uma comunhão de vida; supõe o amor de predileção que o Pai tem pelo filho, o Filho amado (Mateus 3,17; Marcos 1,11), e o amor do Filho, que o leva à atitude de submissão e obediência ao Pai (Lucas 2,49; Mateus 26,39; Marcos 14,6); assim também, o Pai em sua benevolência, revela-se aos simples (Mateus 11,25-26). O Filho revela o Pai a quem ele quer (Mateus 11,27).

Sim, o Pai é nosso, ensinou Jesus. Mas não parou aí. Segundo o Mestre de Nazaré, também o pão é "nosso". E o grande escândalo acontece quando aqueles que se dizem "irmãos", porque têm o mesmo Pai, não são *companheiros* (*cum – panis*); isto é, não desejam comer/partilhar do mesmo pão. Enquanto alguns desperdiçam, muitos passam forme...

Não foi assim no começo. A leitura dos Atos nos revela um estado de coisas bem diferente: "partiam o pão pelas casas e tomavam a refeição com alegria e simplicidade de coração..." (Atos 2,46b); "Entre eles ninguém passava necessidade... Depois, era distribuído conforme a necessidade de cada um" (Atos 4,34-35).

Especialistas em caridade e canonizadas pela Igreja, muitas pessoas se tornaram santas não pelos milagres realizados, mas pelo "milagre que elas foram", porque compreenderam em profundidade o sentido do "pão nosso", sem o qual desmentimos o "Pai nosso". Afinal, que Pai é esse que dá a alguns filhos com sobra e, ao mesmo tempo, deixa uma multidão faminta?

Deus é Pai/Mãe de todos. Precisamos resgatar a fecundidade que brota destas duas palavrinhas: "Pai/Mãe nosso". A filiação divina nos leva a uma experiência de amor maternal para com todos (a humanidade) e com tudo (a ecobiologia).

Devemos, por isso, invocar a Deus como Mãe. Quando um cristão chama a Deus de Pai, sabe que, aconteça o que acontecer e faça o que fizer, Deus vai continuar a amá-lo e lhe abrirá os braços sem lhe fazer reproches, como acontece na parábola do Pai bondoso (Lucas 15,11-32). O cristão sabe também que Deus, como Pai, preocupar-se-á essencialmente dos filhos mais necessitados. Seu amor tem conotações de uma tenra Mãe que ama igualmente todos os seus filhos, e que estará atenta ao pequeno para que cresça bem, ao enfermo para que sare logo e ao viajante para que volte saudável para casa (W. KASPER).

Por isso, dirigir-se a Deus no feminino é um desafiador caminho para termos acesso educativo à alteridade de Deus. Quando dizemos que Deus é Mãe, estamos falando de algo ainda mais profundo. É próprio da mãe procriar, fecundar, alimentar, cuidar e ensinar; nisto, o Pai, sendo apenas Pai, não tem a supremacia patriarcal, pois, manifestando as qualidades de mãe, junto das entranhas de misericórdia, próprias da mãe, o Pai de Jesus se revelará também "amorosamente Mãe" (cf. M. C. BINGEMER).

Jesus, quando invocava seu Pai, não era inspirado na figura de um Pai autoritário e dominador, e sim na de um Pai que age com seus filhos com entranhas de uma Mãe. Para perceber isso, basta notar o acolhimento de Jesus aos menores e sua atividade curadora, aliviando os sofrimentos dos enfermos e desamparados. Como exemplo e paradigma, podemos recordar a atuação materna do pai com seus dois filhos na parábola do Pai misericordioso (Lucas 15,11-32).[27]

Invocar a Deus como Mãe tem, portanto, tons de agradecida confiança na acolhida que recebemos já antes de sermos plenamente humanos. Tons que dão vigor e dignidade à nossa consciência de sermos capacitados para nos relacionar. Por isso, todo ser humano precisa saber que a sua vida é algo mais do que uma simples existência. Um apenas "estar aí...". A psicologia nos ensina que é muito importante desenvolver ternos relacionamentos com os nossos pais, tanto com o pai quanto com a mãe; com a mãe, certamente mais intensos...

Aliás, o termo *Abbá* não diz nada sobre a *masculinidade* de Deus, nem serve para promover um poder dominante do homem sobre a mulher. Devemos saber que Jesus invoca Deus como Papai, mas, quando fala de sua misericórdia, diz que é *entranhável* (em hebraico, *rahum*): tem *entranhas de mulher* (em hebraico, *rahamim*). Isto é, Jesus invoca a Deus como Pai, mas o experimenta agindo com entranhas de Mãe.[28]

Pois, o recurso a Deus como Mãe abre nossos olhos a um Deus que é, como a mãe na família, o protótipo da reconciliação e de um olhar mais contemplativo sobre todos os membros da família. De fato, a mãe tratará de promover a paz, de suavizar as relações com arestas. Invocar a Deus como Mãe pode ser, então, uma forma simples de nos predispormos a relações mais reconciliadas... assim, podemos falar com firmeza e convicção que, *se Deus/Mãe não é*

---

[27] Cf. PAGOLA. *A renovação do Cristianismo* (Recuperar Jesus como Mestre interior). Petrópolis: Vozes, 2019. p. 17.

[28] Cf. PAGOLA. *A renovação do Cristianismo*, p. 76.

nossa Mãe, Mãe de todos, também não é minha.[29] Por isso, Juan Luis Segundo dirá: "A maneira como Jesus tem de viver a sua vida humana (com a ternura de pai e de mãe) é o que devemos colocar como conteúdo da natureza divina" (cf. *Teología aberta*, Madrid, 1984).

Talvez tenha chegado o momento de introduzir uma nova linguagem para nos relacionarmos com *Deus, dirigindo-nos a ele como Papai/Mãe*, para falarmos desse Deus que não criou o homem para dominar a mulher, nem a mulher para ser dominada pelo homem (J. A. PAGOLA).

Mas, ao assumir esse familiar relacionamento como fundamento da vida cristã, somos confrontados com a correnteza do mundo e, certamente, somos incluídos naquele sono de Deus em relação à humanidade:

- o mundo não evangelizado[30] nos manda competir. Deus nos pede cooperação;
- o mundo nos manda desprezar o pequeno e o pobre. Deus nos diz que o seu Reino a eles pertence;
- o mundo nos manda ter o outro como número/estatística e nos considera assim também. Deus nos chama pelo nome;
- o mundo nos faz crer que o importante é obter poder sem limites e prazer a todo custo. Deus nos chama a ser

---

[29] Cf. FAUS. "Já vou, Senhor", p. 92. A teologia feminista afirma, e com razão, que uma visão de Deus onipotente e Senhor absoluto pertence à representação da cultura patriarcal que se estrutura ao redor da categoria de poder. A leitura feminista se orienta por uma outra representação: a de um *Deus-Mãe*, ligado à vida; mostrando esse Deus solidário com o sofrimento humano e profundamente misericordioso. Ele está sempre junto dos que sofrem (cf. Leonardo BOFF. La fuerza de los pequeños. *Religión Digital*, 1 mar. 2022).

[30] Colocarei a seguir "mundo" para me referir ao "mundo não evangelizado".

simplesmente, dando qualidade aos nossos relacionamentos com as pessoas;
- o mundo nos qualifica pela insaciável capacidade de consumo. Deus nos qualifica pela capacidade de amar e servir;
- o mundo nos quer convencer a todo custo de que cada um deve cuidar de si e que isso é o melhor; a utopia do Pai-Nosso nos remete ao sonho de construirmos, em mutirão, uma nova sociedade, um mundo novo onde prevaleçam o amor, a justiça, a verdade, a dignidade e o direito de todos, como irmãos e irmãs que querem ser cada vez mais semelhantes ao Criador.[31]

Mais importante do que aprofundar a relação de Jesus com o Pai é perceber sua preferência pelos mais simples e marginalizados (cf. Mateus 11,25; Lucas 10,21). Por quê? Porque esses pequenos, simples e últimos, são os que não têm nada além do que sua própria humanidade.[32] Decididamente, os que desejam relacionar-se a sério e a fundo com Deus não podem "ficar bem" com todo mundo. Isto é, quem leva a sério a Deus é quem toma a sério os mais humildes e os descartados e desamparados da sociedade.

Qual é a novidade do ensinamento de Jesus sobre seu Pai que deveríamos atribuir a uma revelação pessoal "particular" e que não encontramos equivalente nas antigas Escrituras ou na tradição rabínica de seu tempo? Entre outras prerrogativas, devemos destacar e colocar no coração da ética cristã: o Deus de Jesus é um Deus que

---

[31] Cf. LUIZ. *Pai. Uma reflexão sobre o Nosso Pai*, p. 27.
[32] No tempo de Jesus, o termo *laós* = homem do povo apresentava várias diferenciações: *óchlos* (ὄχλος), homem de má vida, que ignora as leis – um amaldiçoado (João 7,49); *penés* (πενής), o leigo pobre que vive a duras penas com seu trabalho; e *ptojós* (πτωχός), o despido de tudo, aquele que não tem nem o mínimo para viver. Jesus geralmente, quando fala dos homens pobres do povo, se identifica com estes últimos.

perdoa todo aquele que vem até ele arrependido, sem discriminação de faltas nem de caráter étnico ou religioso, que não conhece inimigos habituais, nem excluídos, nem estrangeiros; mas esse Deus não reconhece como seu aqueles que não sabem perdoar e que, por consequência de reciprocidade, não o conhecem em verdade (pois ele não se desvela a eles), a menos que se entreguem ao seguimento de Jesus, vivendo um comportamento ético que extingue as barreiras entre os homens, abrindo o amor ao próximo às dimensões de uma fraternidade universal e erigindo esse amor como preceito à altura do mandamento de amar a Deus.

Esses traços positivos somente ganham plena significação se os prolongarmos com traços negativos. Ao primeiro traço, corresponde certa dessacralização da figura de Deus, assinalada acima, que agora podemos compreender como uma não localização de sua presença: não somos chamados a buscar a Deus nas Escrituras (tão pouco citadas por Jesus, ao passo que seu pensamento está repleto delas), nem na observância da Lei (frequentemente deturpadas, segundo ele, em falsos álibis), nem no templo (onde ele jamais é mostrado em oração). Deus está sempre além, ao passo que se faz próximo, mas dissimulando-se no profano – não há mais lugar "consagrado".[33]

Pensando no Pai-Nosso, deveríamos enfrentar cada relação humana com perguntas como: como experimento a situação "do outro" diante de Deus? O que Deus me diz sobre o outro? Que empatia é possível (com sua dor, com seu amor...)? O que posso perdoar e do que tenho que ser perdoado? Perguntas como essas devem ser levadas a sério em nossa oração/meditação de cada dia.

---

[33] Cf. MOINGT. *Deus que vem ao homem. Do luto à revelação de Deus.* São Paulo: Loyola, 2010. v. I. p. 290-293.

Numa palavra, perguntar-se diante de cada interlocutor (seja pessoal ou social): como Deus o trataria, para que eu procure tratá-lo do mesmo modo? Além disso, desejar e procurar que a imagem de Deus verdadeira, e não a destroçada ou cancelada, seja refletida ao máximo no interlocutor, como poderia acontecer dentro de nós.

Traçamos com nítidas pinceladas duas atitudes que cabem ao cristão: buscar a Deus no outro, onde Deus será mais apelo ou interpelação do que "objeto"; e olhar para o outro com os olhos de Deus, como um campo de possibilidades abertas mais do que como objeto fechado. Nisso consiste o ser contemplativo na relação.[34]

Enfatiza um grande biblista: "Só se Jesus é verdadeiro Deus, então sabemos como é Deus". Isso supõe também que só se Jesus for homem como nós, então poderemos entender esse ser de Deus que ele nos revela. Se o conhecimento de Jesus foi *limitado*, como o assinalam à primeira vista as provas bíblicas... então se entende que *Deus nos amou até o extremo, em modo a se submeter às nossas angustiosas fragilidades*. Pois, um Jesus que tivesse caminhado entre nós ostentando um conhecimento *ilimitado*, sabendo exatamente – digamos – o que lhe ia ocorrer no dia seguinte, conhecendo com certeza que, aos três dias ia morrer e que seu Pai o ressuscitaria, teria sido um Jesus que poderia até suscitar nossa admiração, mas que certamente estaria muito distante de nós.[35]

A forma como João apresenta Jesus como a "Palavra de Deus que veio a este mundo" não está falando de uma palavra que trata de um Deus já conhecido e que transmite conteúdos distintos dele,

---

[34] Cf. FAUS. "Já vou, Senhor". Contemplativos na relação. *Itaici*, n. 120, p. 91, jun. 2020.

[35] Cf. FAUS. *Utopía y Espiritualidad. Utopía y Espiritualidad.* Bilbao: Mensajero, 2015, nota 13. p. 26-27; Robert BROWN. *Introducción a la cristologia del NT.* Salamanca: Sal Terrae, 2001. p. 168-169.

senão *da palavra na qual Deus "se diz de si mesmo e se entrega"*. Pois Jesus não se revela a Deus falando sobre ele ou dando aulas de teologia, mas sim "vivendo e praticando" em Deus. Assim, a identidade cristã não se revela somente confessando ou não Jesus como Filho de Deus, e sim, muito mais ainda, procurando ardorosamente ter claridade sobre a pergunta: "De que Deus, Jesus era Filho?".

Pois, a *particular experiência que Jesus sempre manifestou sobre Deus* como *Abbá* implica assumir afirmações lapidárias e incômodas, que colocamos a seguir, particularmente para os que padecem de "esclerocardia" (dureza de coração):

Que os pobres são evangelizados...
Que Deus olha o sagrado no homem e na mulher.
Que, quando os cegos veem, não são ingênuos.
Que Deus quer e deseja a misericórdia.
Que é possível desejar e viver a vontade de Deus.
Que não se pode servir a Deus e ao dinheiro.
Que nós podemos falar carinhosamente *Abbá*.
Há mais alegria pelo pequeno...
Que os homens e mulheres devem amar-se como irmãos e irmãs.
Que o julgamento de Deus abunda em compaixão.
Que a ostentação deixa doente o coração.
Que Jesus, o enviado de Deus, pode clamar por nós...

No Pai-Nosso, podemos encontrar a confirmação dessas propostas: pois, no Pai-Nosso, as três primeiras petições (seja na forma de que Deus glorifique seu nome, de que venha seu Reino ou de que cumpra sua vontade na terra) são um pedido para que se realizem entre nós essas verdades de Deus que acabamos de descrever.[36]

---

[36] Cf. FAUS. *Utopía y Espiritualidad*, p. 29-30.

Em Jesus, Deus deixou de ser ambíguo: ele é magnificamente Amor. Jesus tem consciência de viver um relacionamento único com seu Pai. Olhando o modo como ele vive como Filho, chama atenção: 1) a *imediatez* de seu relacionamento com Deus vai muito além da proximidade: é a consciência clara e reflexa de "estar nele", de "viver nele permanentemente"; 2) *a comunhão, apaixonadamente amorosa*, que vive com seu Pai, a quem chama de "Papai querido", e o orgulho que sente como Filho. É esse tipo de relacionamento que faz de Jesus um homem unificado, coerente até o final, verdadeiro, testemunha do que anuncia; 3) *as consequências* que derivam dessa maneira de viver esse relacionamento: *liberdade, segurança e confiança, a atitude de se colocar diante da vida e diante dos outros* (amor e valorização prioritária das pessoas acima de tudo), o modo de falar de Deus (*parábolas*) e as mensagens sobre ele (*amor gratuito, particularmente, com os mais pobres*). Em síntese, Jesus vive a vida "a partir do Pai", sem rupturas nem separações, e isso faz com que seja uma vida – e uma palavra – doada para os demais; em que o eixo de todo o seu agir e de toda a sua mensagem seja o amor.[37]

Jesus é o homem novo, aquele das entranhas comovidas, o ícone de uma liberdade plenamente humana, o debelador dos ricos, de todos os poderes religiosos e da fundamentação religiosa das desigualdades entre os homens; o sanador, o judeu que fez estourar desde dentro seu próprio Judaísmo; o anunciador de uma utopia de outro mundo possível (reinado de Deus), de uma confiança inquebrantável diante da dimensão última da realidade; o conflitivo e molesto, como poucos homens da história... ele chamava a viver

---

[37] Cf. AGUIRRE. *Tan hombre que es Dios*, p. 167, nota 144 (citando Enrique MARTÍNEZ LOZANO. *Recuperar a Jesús, una mirada transpersonal*. Bilbao: Desclée de Brouwer, 2010).

um estilo de vida como o seu. Ele que sentia suas entranhas comovidas ao ver os homens desamparados; como ovelhas sem pastor; procurando o sentido e a alegria; em definitivo, buscando a Deus nessa confusa ventania do mundo.

A relação com Deus, assim como ocorre em toda relação humana, começa pelo conhecimento vivencial. Começamos a relacionar-nos com alguém quando passamos a conhecê-lo. Por isso, Jesus, ao ensinar a seus seguidores e discípulos como deveria ser a nossa relação com Deus, privilegiou modificar nosso conhecimento sobre Deus. Sem dúvida, percebeu que o grande impedimento para se relacionar com Deus era essa "imagem/representação" ensinada pelos dirigentes religiosos do Judaísmo daquele tempo. Daí que seu primeiro empenho foi modificar a ideia de Deus e, em consequência, o que podemos sentir e viver sobre Deus.

A consequência disso decorre de entender como Jesus nos dá a conhecer a Deus apresentando-o como Papai querido. Não um "pai autoritário", mas o Pai mais desconcertadamente querido, bom, próximo e humano que nós, mortais, podemos imaginar. É verdade que os Evangelhos falam também de juízo e castigo. Falam disso nas parábolas (Mateus 21,43-44; Lucas 16,19-31 etc.). E a isso se refere o famoso texto do juízo das nações (Mateus 25,31-465). Porém, é importante dar-se conta de que, nos relatos de juízo e castigo, *o Pai nunca é protagonista*. Pois é inquestionável que o juízo e o castigo nunca são atribuídos, nos Evangelhos, ao Pai de Jesus, o Deus que nos revelou Jesus. O interesse de Jesus estava centrado não no problema ontológico de sua própria identidade com Deus, mas no problema prático e concreto do anúncio e da realização prática do Reino de Deus. Porque Jesus não pensava nem falava a partir dos esquemas e preocupações da cultura helênica (grega), interessada pelo problema especulativo da *essência* (*oùsía* = οὐσία), e sim a partir do pensamento bíblico, que não explica o que nele seja o intemporal e oculto nas profundezas do ser (algo que ninguém sabe exatamente o que realmente contém); Jesus dedicou sua vida e a sua mensagem a explicar-nos o que acontece quando Deus se faz presente na realidade concreta, tangível e visível da vida humana. Sendo assim, Deus se revela a nós a partir do realismo do concreto, daquilo que entra pelos olhos, que se ouve e que se toca. Jesus nos deu a conhecer Deus. Isso quer dizer que o que deve interessar à Igreja e a nós cristãos não é a ontologia do ser de Jesus; pois é na *práxis* de sua própria forma de viver que ele nos deu a conhecer como é Deus e quem é Deus. Além disso, precisamente por isso e mediante isso, ensinou-nos o mais decisivo, a saber: que encontramos Deus em nossa própria humanidade...[38]

As implicações da revelação que Jesus faz do seu Papai, em sua infinita bondade, deixa claro para nós que:

- Deus não é simples Criador, senão o Pai de todos os seres humanos, cuja dignidade de filhos e filhas é a fonte de sua liberdade e de toda igualdade;
- Deus não reclama para si outro reconhecimento a não ser o do Amor e da fraternidade entre nós: porque não é importante que se diga "Senhor, Senhor", senão que realizemos sua amorosa vontade (cf. Mateus 7,21-23);

---

[38] Cf. CASTILLO. *Jesus. A humanização de Deus*, p. 129-130. Na pesquisa cultural sobre a palavra "pai", podemos perceber que, para os gregos, pai estava ligado à "geração da vida", ao "poder de gerar vida"; assim, entre os romanos, o pai era o *"pater familiae"*, "cabeça/princípio da família"; entre os hebreus, o Pai/pai é quem "nos adota como filhos"; na cultura atual, o pai aparece como "autoridade". No entanto, para Jesus, nos Evangelhos, a paternidade manifesta-se como "total doação", "doação como serviço fraterno e libertador" (J. FAUS).

- Deus, por isso, não procura relacionar-se com os homens através de atitudes de tipo contratual (*do ut des* = dou para que você me dê), senão por meio da superabundância gratuita da bondade. De modo que o nosso relacionamento com ele vai deixando de ser um simples contrato ou pacto político com o povo (como no AT), para passar a ser o que se diz em algumas cerimônias de casamento: "recebe esta aliança como sinal do meu amor e da minha fidelidade". Assim, a relação meramente contratual com Deus (tão frequente ainda em muitas pessoas cristãs) fica superada para corrigir toda possível perversão da religiosidade humana.[39]

Deus, que livremente quer, porque nos quer, põe-se com todo o seu Amor ao nosso dispor. Isso é extraordinariamente importante. E não como simples *consideração piedosa*, mas para que de fato compreendamos que toda nossa vida, em todas as suas dimensões, é querida e apoiada por Deus. Deus não nos quer gente religiosa, sem fecundo amor fraterno. Entenda-se bem: o que quero dizer é que o interesse de Deus não está em que sejamos "muito religiosos", como se fosse algo de seu exclusivo interesse ou proveito; o seu interesse é que o ser humano se realize verdadeiramente; plenamente humano aberto ao bem dos humanos. Isso sim tem a ver, e de modo definitivo, com uma séria prática religiosa. Porém, esse ser humano deve ser plenamente integrado à vida real: ter um corpo adequadamente cuidado, uma cultura justa, um trabalho humanizador, relações interpessoais saudáveis, integração na sociedade, além de dar sua contribuição na justiça e no progresso na terra etc.

A grande revolução levada a cabo por Jesus consiste em ter aberto aos homens e mulheres outra via de acesso a Deus diferente

---

[39] Cf. FAUS. *Utopía y Espiritualidad*, p. 362.

do sagrado, a via que conduz à relação com o próximo, vivida como serviço e levada até o sacrifício de si mesmo. Jesus converteu-se em Salvador universal por ter tornado essa via accessível a todo homem e mulher.[40]

Diante disso, devemos superar a ideia de que o que Deus deseja de nós é que realizemos "atos religiosos tipo *superstar*" para lhe agradar. Quando, na verdade, o que ele deseja é a nossa realização, nossa verdade, nossa plenitude possível. *Definitivamente, repitamo-lo, a única coisa que Deus busca é a nossa felicidade*; isto é, produzir férteis frutos de vida desde agora, na medida factível dentro da história, e logo, naquela outra medida, que já nos supera, a da salvação escatológica e definitiva.[41]

Certamente, na futura evangelização, deveremos levar em conta, e muito, que é no seguimento de Jesus que se cumpre "a vontade do Pai", e não apenas dizendo "Senhor, Senhor!", pois pode acontecer de sermos profundamente infiéis à vontade de Deus e ficarmos fora do seu projeto de Reino (cf. Mateus 7,21). Haveremos de levar em conta que o processo cristão é "... há tanto tempo que estou convosco, e não me conheces? Quem me viu, tem visto o Pai... eu estou no Pai e o Pai está em mim" (João 14,9-11). Por isso, Jesus Cristo prefere os que *cumprem anonimamente a vontade do Pai*...[42]

Para isso, o Papa Francisco propõe um relacionamento honesto e sincero com o Pai de Jesus, quando diz: "Pode ser que alguém de nós tenhamos coisas que escondemos, mas, se nos

---

[40] Cf. Joseph MOINGT. El hombre que vênia de Dios. In: PAGOLA. *Anunciar Deus hoje como boa notícia*, nota 43. p. 51.

[41] Cf. Andrés T. QUEIRUGA. *O cristianismo no mundo de hoje*. São Paulo: Paulus, 1994. p. 19-20.

[42] Cf. FAUS. *Utopía y Espiritualidad*, p. 96-97.

dirigirmos ao Pai como Papaizinho, ele nos responderá, não se fechará no silêncio. Tu dizes-lhe 'Pai' e ele responder-te-á: 'Tu tens um Pai'. Sim, mas eu sou um delinquente. Mas tens um Pai que te ama! Diz-lhe Pai, começa a rezar assim e, no silêncio, ele dir-nos-á que nunca nos perdeu de vista. Mas Pai, eu fiz isto...; nunca te perdi de vista, vi tudo. Mas permanecia sempre ali, perto de ti, fiel ao meu amor por ti. Esta será a resposta! Só caberá a nós respondermos: Obrigado!"[43]

(Sugerimos a leitura do Anexo 1.)

---

[43] Cf. Papa FRANCISCO. Chamar a Deus "Papá" com a confiança de uma criança. *L'Osservatore Romano*, n. 4, p. 3, 22 jan. 2019.

3.
SANTIFICADO SEJA POR NÓS O VOSSO NOME

"A misericórdia e a compaixão, na mensagem de Jesus, são as mensagens mais contundentes do Senhor" (cf. Papa Francisco. *Homilia*, 17 mar. 2013).

Quando rezamos: *santificado seja o teu nome*, exortamo-nos a desejar que seu nome, imutavelmente santo em si mesmo, seja também considerado santo pelos homens, e não desprezado... (SANTO AGOSTINHO. *Carta a Proba*).

Santificado seja teu nome de Pai. Isto é, que ninguém o ignore ou despreze. Que ninguém o profane, violando a dignidade de seus filhos e filhas. Que sejam desterrados os nomes de todos os deuses e ídolos que matam os pobres. Que todos bendigam seu nome de Pai Bom. Isto é, que o nome santo de Deus não seja jamais usado para o que nem pode nem deve ser utilizado: para legitimar poderes e falsidades, para tranquilizar consciências perversas, para justificar violências. Que o Reino de Deus, isto é, que os critérios do Evangelho possam impregnar todo o tecido social...[1]

---

[1] Cf. CASTILLO. *La religión de Jesús. Comentario al Evangelio diário/2021*, p. 78.

Na verdade, a tradução mais correta é "teu nome se consagra" ou "seja respeitada/consagrada a santidade de teu nome". Consagra-se: *itqadash*, a primeira palavra de uma prece que cada hebreu conhece de cor: o *Kadish*. O termo escrito em hebreu dá a entender uma ação que é forte e significativa, mas que, ao mesmo tempo, se coloca em dinâmico cumprimento. Ela, mais do que um desejo, expressa a certeza de essência messiânica: a consagração do nome de Deus, sua sacralidade, bem como a vinda de seu Reino. O cumprimento de sua vontade foi e é, em todos os tempos, o que exprime bem a forma verbal empregada em hebraico.

Itqadash deriva do radical *qadash*, "ser sagrado ou consagrado". Esse radical, remontando ao acadiano e sumério, designaria uma "luz que transcende", "que direciona para além da luz". Iahweh seria *Qadosh*, ou seja, o Criador da luz anterior à luz solar (cf. Gênesis 1,2) (poderia ser a luz do *Big Bang*?). O verbo, em sua forma mais intensiva, acentua o caráter de "sagrado" ou "declarar sagrado", "se consagrar, encontrar-se em um estado de sacralidade". Quando a santidade refere-se ao dom de Deus, na verdade, afirmamos por ato de fé que esse nome é, nele mesmo, por si mesmo, consagrado. Essas ideias principais no Pai-Nosso se encontram também no *Kadish* e nas dezoito bênçãos que os hebreus recitam três vezes por dia: ao amanhecer, ao meio-dia e no crepúsculo – o nome de Deus será eternamente consagrado, e seu Reino, cuja lei é de justiça, será restabelecido não apenas em Israel, mas em todo o universo criado.[2]

Por isso, *essa primeira petição do Pai-Nosso não é "uma a mais"*. É o alicerce de toda a Oração do Senhor, sua aspiração suprema. Que o "nome de Deus", isto é, "seu mistério insondável", seu amor e a sua força salvadora se manifestem em toda a sua glória e poder. E isso

---

[2] Cf. André CHOURAQUI. *A Bíblia – Matyah*, p. 109-110.

deve ser dito não com atitude passiva, mas com o compromisso de colaborar com a nossa própria vida nessa aspiração de Jesus.[3]

Pois, parece que nessa primeira petição há uma alusão a Ezequiel (cap. 36), em que Deus promete a seu povo em cativeiro que mudaria o mundo (Isaías 48,6-11): profanado por um povo que lhe é infiel e por pagãos que dizem: "O Senhor abandonou seu povo...". Essa referência fica obscurecida pela nossa tradução: "Santificado seja teu nome", que parece sugerir que são os homens que hão de glorificar esse nome. Mas, no original, é um "passivo divino" que se deveria traduzir: "Pai, santifica (ou, ainda melhor, glorifica) teu nome" ou "não permitas que teu nome seja profanado"; pois, para Jesus, no cenário deste mundo que manifesta injustiças e crueldades, o nome de Deus fica desonrado, exposto à superficialidade.[4]

A expressão verbal "seja santificado" está conjugada na forma grega, que pode entender-se no sentido de uma intervenção de Deus "única e permanente". Não tem o sentido de repetição, pois se espera que os cristãos rezem essa oração todos os dias, renovando, assim, o pedido de que Deus intervenha sempre mais uma vez. Essa petição carrega, ademais, uma conotação "escatológica": instaurar o Reino com forte valor exortativo e ético (parenético). O Pai-Nosso compromete os cristãos a santificar o nome de Deus com atos marcantes em sua vida. São João Crisóstomo, falando do Pai-Nosso, diz: "Deus possui por si mesmo a plenitude de toda a glória, no entanto, ele – pelo seu Filho – recomendou pedir que seja mais plenamente glorificado com o fervor da nossa vida" (PG 57 19,4).[5]

---

[3] PAGOLA. *El camino abierto por Jesús – Lucas 3*. Buenos Aires: PPC, 2012. p. 184.
[4] Cf. FAUS. *Utopía y Espiritualidad*, nota 27, p. 30.
[5] Cf. AYUCH. *Jesús, Maestro y Redentor*, p. 97.

Por isso, Jesus nos ensina a dizer as palavras com que pedimos a vinda de seu Reino: "Santificado seja o vosso nome, venha a nós o vosso Reino". "Admirai a profunda sabedoria de nosso Mestre!", exclamava Teresa de Ávila. Considero que aqui – e para nós – é bom entender o que pedimos com este Reino. A majestade de Deus percebia que não podíamos santificar ou glorificar como seria bom esse santo nome do Pai eterno, de acordo com o pouquinho que podemos, a menos que sua majestade não providenciasse, dando--nos aqui o seu Reino. Por isso, o bom Jesus pôs um pedido ao lado do outro. Para entendermos o que e quanto interessa pedirmos, importuna e ardentemente, e, além disso, fazer tudo o que estiver ao nosso alcance para satisfazer aquilo que dará a nós (cf. *Caminho da perfeição*, cap. 30).

Santificar o nome de Deus é escolher um itinerário vital que assuma decididamente a sua santidade, em uma dupla dimensão de *alteridade* e de *proximidade*. Alteridade, porque nosso Deus é nosso Criador; proximidade porque ele se revela como Pai de toda misericórdia que nos salva e nos faz seus filhos e filhas. Rezando, pois, o Pai-Nosso, suplicamos a Deus que incline o nosso ser à sua vontade para podermos santificar seu Nome. A vontade de Deus nos conduz a colaborar com a salvação e a sua transformação servindo aos pobres, escolhendo com simplicidade aquele que deu sua vida para nos santificar (cf. Romanos 8,14).[6]

Um dos mandamentos mais prezados aos judeus é venerar o nome de Deus; levam muito a sério esse mandamento: "Não pronunciarás em vão o nome do Senhor" (Êxodo 20,7). Evitavam de usá-lo inoportunamente. Diz o Papa Francisco que quando a Bíblia diz "não pronunciarás" traduz a expressão que significa

---

[6] Cf. CONFÉRENCE DES ÉVÊQUES DE FRANCE. *Le prière du Notre Père*. Paris: Várias Editoras. p. 33-38.

literalmente, tanto hebraico como em grego: "não assumirás", "não te responsabilizarás". A expressão "em vão" é mais clara e quer dizer: "debalde, inutilmente"; faz referência a uma embalagem vazia, a uma forma sem conteúdo. É a característica da hipocrisia, do formalismo e da mentira; do uso dessas palavras ou do nome de Deus em vão, sem veracidade.

Por meio do nome, para os judeus, se entra em contato com a vida do próprio Deus, e a sua história muda (cf. Êxodo 3,13-15). Então "tomar sobre si o nome de Deus" quer dizer assumir sobre nós a sua realidade, entrar num relacionamento forte, numa relação íntima com ele. Para nós cristãos, nos lembra que somos batizados "em nome do Pai e do Filho e do Espírito Santo", como afirmamos cada vez que traçamos sobre nós o sinal da cruz, para viver as nossas ações quotidianas em comunhão sentida e real com Deus, ou seja, no seu amor.[7]

Eis o nome de Deus: misericórdia e compaixão, amor e fidelidade. Próprio deste amor, que é misericórdia, bondade, gratuidade, graça, compaixão e fidelidade é o que podemos saber de Deus, e que podemos experimentar dele "por mil gerações" (Êxodo 34,7), isto é, sempre. Os profetas são pressurosos em revelar que, justamente por este amor visceral, amor do útero (*rejem*), das vísceras da mãe (*rajamim*) pelo filho, Deus chega a introduzir em seu coração a compaixão em luta contra a justiça. Diante do homem pecador, o coração de Deus é compassivo e de tal modo comovido, que origina um sentimento muito acima do que pode a justiça (podemos lembrar Oseias 11,8-9).

---

[7] Papa FRANCISCO. Ensinai às crianças o sinal da cruz. *L'Osservatore Romano*, n. 34, 23 ago. 2018, p. 16.

Assim, a santidade de Deus se manifesta em sua misericórdia; pois, a sua soberana onipotência se manifesta na forma como ele espalha a misericórdia e a compaixão, como lembra o Livro da Sabedoria 11,23; isto é, literalmente "ter um coração disponível para os miseráveis", um coração que acolhe as misérias humanas, em ter compaixão, em saber perdoar. Esta é a sua misericórdia. Não é casual que o Nome de Deus revelado a Moisés é "misericordioso e compassivo" (*rajum-we-jannum*), que ressoa em vários escritos (2 Crônicas 30,9; Neemias 9,17; Gênesis 4,2).[8]

Atenção, catequistas (animadores de jovens, professores), quando dizemos *Pai* ou *Papai!* falamos sobre a paternidade de Deus e como esse termo poderá ser compreendido. Pois, muitas crianças e jovens sofrem muito pela falta real e do abandono insensível do amor paterno. Pais ausentes, autoritários, violentos; de vida desleixada e superficial. Deus se torna difícil de ser chamado e acolhido como Papai nessas situações paradoxais. É preciso que as pessoas possam fazer a experiência de percorrer um itinerário espiritual que faça de Deus a fonte de toda paternidade.[9]

É importante estarmos atentos para colocar bem essa fundamental dimensão da "paternidade e maternidade" amorosa de Deus. Os catequistas ajudam, e muito desde já, com suas atitudes de acolhida carinhosa e esperançosa, para poder introduzir o sentido da paternidade de Deus. Em primeiro lugar, deve-se insistir sobre o que a Palavra de Deus ensina "a todos" sem discriminação, particularmente as palavras e exemplos de Jesus. Insistir que devemos invocar o divino Espírito Santo para sentir-nos acompanhados e experimentar como Jesus deseja que sejamos irmãos e irmãs e que

---

[8] Cf. Enzo BIANCHI. *Annunciare a tutti la misericórdia di Dio*. Cinisello Balsamo: San Paolo, 2017. p. 152-153.

[9] BIANCHI, p. 25.

nos apresenta o amor desse Papai, acima das fragilidades que os nossos papais venham a ter. Aprendamos a chamar a Deus com o mesmo carinho de Jesus: *Papai!*

Assim, abriremos os corações dos catequizandos, crianças e jovens, à ternura de Deus, apesar das dificuldades dos papais biológicos. Como catequistas vocês devem trabalhar nessa missão com alegria, ousadia e coragem, sem desistir. O divino Espírito Santo fará com que a vossa missão produza copiosos frutos, mesmo que, por vezes, não apareçam.[10]

ALGO INQUIETANTE: O QUE SERIA SER SANTO HOJE![11]

> O Pai é aquele que é incapaz de afastar seus olhos de nós, porque nos fez e sempre nos acha lindos (Gregory Boyle).

> Sermos santos significa sermos felizes (Raniero Cantalamessa).

A santidade não é uma conquista humana, não é "produção própria"; é dom de Deus. Como o amor de Deus precisa ser acolhido (a graça supõe [age na] a natureza), é difícil ser santo sem a prática dos valores que seu Filho nos oferece no Evangelho. Um deles, justamente, trata de não se considerar "santo" ou "puro", como os fariseus. Santo é aquele que tem plena consciência de sua frágil condição de pecador e não esconde o que ele é, e, por isso mesmo,

---

[10] Cf. Gianfranco VENTURI. *Caro Don Gianfranco. Uma resposta a tutte le domande dei catechisti.* Torino: Elledici, 2016. p. 91-92.

[11] Cf. Frei BETTO. Ser santo hoje. *Folha Catequética* 204, nov. 2003; Maria Clara BINGEMER. *Ser cristão hoje.* São Paulo: Ave-Maria, 2013. p. 146-150.

apoia-se, confia na misericórdia divina, ciente de que *onde aumenta o pecado, a graça excede* (cf. Romanos 5,20). Lembra a advertência da Sabedoria: "Pois sou teu servo... homem frágil e de vida breve, e incapaz de compreender a justiça e as leis. Por mais que alguém entre os mortais se considere perfeito, se lhe faltar a tua Sabedoria, será considerado como nada" (Sabedoria 9,5-6).

A santidade consiste em tomar conhecimento de que Jesus é o maior exemplo, pois descobrimos que nele Deus "fez experiência de vida humana"; cresceu em idade e em sabedoria, sofreu tentação, chorou, teve medo, queixou-se da indiferença dos amigos, deixou que uma mulher lhe enxugasse os pés com os cabelos, perdoou a mulher adúltera, ao rico Zaqueu e ao bom ladrão... e a nós. Pois, a vida cristã deve anunciar Deus como amor e misericórdia infinitos. Esse amor manifestou-se "corporalmente em Jesus Cristo" de *forma singular* e de uma vez por todas. Confessar Jesus Cristo como Deus e homem verdadeiro e segui-lo é a vocação santa e a missão fundamental dos cristãos.[12]

Para isso há um caminho só, uma só via: a vida de Jesus, esse caminho que é Jesus mesmo. Essa é a resposta. Acreditemos que Jesus se coloca a caminho conosco e desejemos que ele nos conduza; deixemos que seja sua Palavra a interpretar a história que vivemos como indivíduos e como comunidade, e que seja ela a nos indicar o caminho para nos sarar e para nos reconciliar.[13]

Com isso, a santidade não reside em demonstrar heroísmo na prática das virtudes, mas em "amar sem medida". "Ama e faz o que quiseres", exclamava Santo Agostinho. Esse amor sem medida

---

[12] Cf. George AUGUSTIN. Prólogo. In: Walter KASPER. *Escritos esenciales* (ed. George Augustin). Maliaño: Sal Terrae, 2018. p. 13.

[13] Cf. Papa FRANCISCO. Del fracaso a la esperanza. Homilia do Papa na Basílica Sainte-Anne-de-Beaupré. *Religión Digital*, 29 jul. 2022.

chega ao paradoxal "amar até os inimigos" como uma das atitudes fundamentais do Cristianismo. Esse amor é entre os humanos "quase que inaceitável", "pouco frequente". Esse amor é forte e único, pois manda "amar", "fazer o bem", "abençoar" e "rezar" por aqueles que nos odeiam e causam grande dano. Agir desse modo, amar desse modo, é caminhar na vida superando aquilo que "normalmente" é depauperada condição humana. Por isso Jesus diz que os que se comportam gerando amor como ele, serão filhos do Pai que está nos céus: ser filhos de Deus é amar sempre e a todos, inclusive os piores inimigos. Conscientizados nesse caminho de santidade, *atingiremos a mais profunda humanidade*.[14]

O profeta Oseias é um bom exemplo para aprofundarmos no que consiste a santidade querida por Deus. Casado com Gomer, o profeta viu-se abandonado pela mulher. Ficou doente de ciúme. Após conviver com outros homens, Gomer degradou-se tanto que se tornou prostituta. Oseias ficou mais apaixonado ainda. Até que, vendida como escrava, ele a arrematou, disposto a "seduzi-la, levá-la ao deserto e falar-lhe apaixonado ao coração" (cf. Oseias 2,16).

Assim é o amor de Deus por nós, igual ao de Oseias por Gomer. É um amor obstinado! Não há nada que façamos que seja capaz de afastar de nós o amor de Deus. Deus é teimoso no amor. "(Pois), quem *não ama, não conhece Deus, porque Deus é amor*" (1 João 4,8). Nós é que devemos abrir-nos a esse amor. Deus nos ama apaixonada e incondicionalmente. Resta abrir-nos à sua presença, que já é mais íntima a nós do que nós a nós mesmos, dizia Santo Agostinho. Devemos aprender a "deixar-nos amar como ele quer".

---

[14] Cf. José M. CASTILLO. *La religión de Jesús. Comentário al Evangelio diário – 2021*, p. 212.

A abertura a Deus acontece em modo tanto mais fácil quanto mais nos abrimos ao próximo, sobretudo aos mais pobres, com quem Jesus se identificou (Mateus 25,31-46). Ser santo, hoje, é, portanto, dar testemunho dos valores evangélicos de justiça e amor, através da opção preferencial pelos mais pobres e vulneráveis, deixando que Deus opere em nós o milagre de sua graça, até que possamos exclamar como Paulo: "Eu vivo, mas não eu: é Cristo que vive em mim" (cf. Gálatas 2,20).

"Santificar" equivale a "engrandecer", como exclama Maria no *Magnificat*: "Minha vida *engrandece* (exalta, louva) o Senhor" (Lucas 1,46). Outro verbo equivalente é "glorificar", como pede Jesus: "Pai, glorifica o teu nome" (João 12,28). É a exclamação de Jesus, desejando que o Pai torne manifesto seu poder. O que pedimos, portanto, é que se faça patente a santidade de Deus, sua glória e grandeza. Que Deus seja Deus. Deus mesmo santificará seu nome, se manifestará como santo, revelará sua glória, fazendo-a resplandecer no mundo, segundo o anunciado pelo profeta: "Santificarei o meu grande nome" (Ezequiel 36,23).

A santidade de Deus é a sua onipotência manifestada "ao exterior" como glória que revela a própria divindade. Nome e glória vão juntos (Isaías 30,2; 59,19). "Dá glória ao teu nome" é uma expressão que aparece na Escritura constantemente (Daniel 3,43; João 12,28) e que significa: "mostra-te como és", ou seja, santo, amoroso. Seu nome, como sua glória (Isaías 6,3), é de certo modo o aspecto exterior de sua santidade: revela ao mundo sua divindade. Santificar a Deus é louvá-lo (Lucas 1,46), reconhecer e celebrar seus prodígios. Santificar a Deus é glorificá-lo por suas obras magníficas sempre em benefício do homem, da mulher e da criação, a partir dos mais pequenos.[15]

---

[15] Cf. Emiliano HERNÁNDEZ. *Pai-Nosso. Fé, oração e vida*. São Paulo: Cultor de Livros, 2016. p. 77.

O significado verdadeiro do nome de Deus, na interpretação cristã, em seu verdadeiro e pleno sentido, tinha-se perdido durante séculos. Compreendeu-se que tal nome, a partir de seu significado ontológico, comunicaria o status de ser. Deus é aquele cuja essência é o Ser. Sobre esse "ser" desenvolveram-se, em seguida, reflexões profundas e complexas. Entretanto, todas as reflexões filosóficas, no fundo, só aceleraram o esquecimento de fato fundamental: *que a essência de Deus é o Amor*. Assim como o texto em questão a define, diz respeito – em primeiro lugar – a um agir existencial e não a um ser ontológico; no segundo: o Senhor compromete-se a agir em benefício do povo.[16]

O nome de Deus é promessa de seu estar aqui, de sua presença e de seu acompanhamento ativo e atuante. Atuante não de maneira neutra e passiva, mas tomando posição, agindo em favor daqueles que não temem ninguém de seu lado, dos excluídos e dos oprimidos pelo poder. Assim lembra o Salmo 118(117): "É melhor refugiar-se no Senhor que confiar nos poderosos" (v. 9).

É esse o verdadeiro significado do nome de Deus, naquela época e hoje. Eis mais uma das grandes verdades da revelação. Verdade que, no decorrer dos séculos, foi esquecida, sufocada por todos aqueles que não gostam de um Deus atuante, de um Deus que toma posição de maneira bem concreta e específica, um Deus que incomoda. Ele incomoda não apenas o faraó bíblico, mas todos os faraós de todos os tempos, sejam eles do âmbito político, econômico ou religioso.

Um Deus que se autodeclara atuante se colocando do lado daqueles que não têm poder, dos despossuídos, de repente não

---

[16] Cf. Renold J. BLANK. *Deus na história. Centro temático da revelação.* São Paulo: Paulinas, 2005. p. 70-76.

interessa mais aos poderosos. Em vez de aliado, tal Deus torna-se inimigo, adversário, ou pelo menos um crítico muito incomodante. A aliança entre trono e altar se desfaz. Os templos dourados não servem mais, e as liturgias suntuosas, cantadas em honra daquele Deus, esvaziam-se diante da exigência dele de acabar com a opressão e a exploração.

A partir do momento que conheço como é Deus e como ele age; isto é, a partir do momento em que tal verdade torna-se conhecida, acaba o sossego daqueles que dominam, porque os dominados começam a reagir, formulando exigências e recorrendo a "um Deus que se faz pequeno" para justificá-las.

À medida que o povo tem consciência das verdadeiras características de Deus, assume também uma nova atitude social. À medida que o povo se conscientiza de como o Deus verdadeiro é, começa a recuperar a sua dignidade.

O Papa Francisco, citando Paulo VI, recordou que Deus não nos quer escravos, senão filhos e filhas; não quer decidir em nosso lugar nem nos oprimir com seu poder sagrado num mundo governado por leis religiosas. Não, ele nos criou livres e nos pede que sejamos na vida e na sociedade pessoas adultas e responsáveis.[17] Assim, em nome de Deus, começa então um movimento de libertação, cujo resultado confirma tudo aquilo que o nome de Deus prometeu. A lembrança dessa grande experiência realizada em nome de Deus torna-se o elemento-chave de toda a futura vida e ação dos seguidores de Jesus. Nisso consiste aproximar-se ao limiar da santidade...

(Sugerimos a leitura do Anexo 2.)

---

[17] Cf. Papa FRANCISCO. Funcionarios de lo sagrado sin corazón de pastores. *Religión Digital*, 29 jul. 2022.

4.
FAÇA-SE PRESENTE
O VOSSO REINO

"Jesus teve uma experiência particular de Deus
como 'gratuidade que chama'
(expressada por ele como 'Abbá'), que implicava
uma situação humana absolutamente
nova e revolucionária
(concretizada na expressão
'reinado de Deus' = *Malkut Yahvé*)"
(José I. González Faus).

"A medula da Boa Notícia do Reino
é que Deus assumiu a iniciativa de procurar
e salvar o que estava perdido"
(George Eldon Ladd. *Teologia del Nuevo Testamento*).

A expressão "reino", utilizada por Jesus, é a única configuração política monárquica imperante em todos os territórios do cenário bíblico; assim também no tempo em que Jesus viveu. Pois sua existência decorreu sob os reinados do imperador romano Tibério, "Caesar, Divi Augusti Filius, Augustus", e do governador da Galileia, Herodes Antipas, filho do rei Herodes, o Grande (na verdade, não tão grande!).[1]

Hoje poderíamos traduzir "Reino de Deus" para uma forma política e social atualizada como "sociedade de plena justiça e paz". Podemos, então, pensar que, segundo o projeto de Jesus, promover o Reino de Deus seria como construir a vida não como desejava Tibério, ou as famílias herodianas, ou os ricos terratenentes da Galileia, senão *como se Deus estivesse sentado* no trono do imperador de Roma (J. D. CROSSAN; PAGOLA).

Certamente que tal projeto implica sempre uma grande esperança a conquistar. Sempre haveremos de ter fogoso anseio no coração, como reiterava Teilhard de Chardim, falando da força do projeto de Deus que descortina novos horizontes, que possui uma escondida "energia divina" que perpassa, misteriosamente, toda a criação e a conduz à plenitude do amor.[2]

As expressões "Reino de Deus" (*basileia tou theou*) e "Reino dos céus", que simbolizam, respectivamente, a fé do primeiro envio cristão (Marcos) e da primeira comunidade judeu-cristã (Mateus evita a nomeação direta do nome de Deus), significam tanto a soberania divina quanto a representação espacial dessa soberania. De modo que "basileia" pode ser traduzido como "reino" ou "reinado". Essas palavras deram origem a diversas expressões como: "entrar no Reino" (cf. Marcos 10,23s; Mateus 5,20; Lucas 18,24), "buscar o Reino" (cf. Mateus 6,33), "conhecer os mistérios do

---

[1] Os Evangelhos traduzem constantemente o termo "reino", empregado por Jesus, com a palavra "basileia" [βασιλεία], que em seu tempo se utilizava apenas para falar do "Império de Roma" (José A. PAGOLA. *Jesús. Aproximación histórica*, nota 55, p. 116).

[2] Cf. Frei BETTO. *Parábolas de Jesus. Ética e valores universais*. Petrópolis: Vozes, 2017. p. 53-55.

Reino" (Lucas 18,10), "comer e beber no Reino" (cf. Lucas 22,30), ou "as chaves do Reino dos céus" (Mateus 16,19).[3]

Jesus utilizava frequentemente parábolas (Marcos 4,26-29; 4,30-32; Mateus 13,31-35; Lucas 13,18-19) para falar do Reino de Deus. Muitas delas iniciam-se assim: "O Reino de Deus se parece...". Para muitos cristãos, o Reino de Deus é o que haveremos de encontrar *na outra vida*, após a morte. Mas o significado dos ensinamentos de Jesus era mais amplo, o Reino de Deus era também algo "lá na frente" da história humana, e não apenas "lá em cima". É a promessa de Deus de um "olhar saudável sobre a terra". Por isso, Jesus nos ensinou a orar: "Venha a nós o vosso reino", e não: "Levai-nos daqui ao vosso reino".

Quando aplicou a parábola das sementes, Jesus quis manter acesa em nós a utopia (= υτόπος: caminho sem terra firme, ideal, objetivo idealizado). A semente – o embrião do Reino ou do mundo emancipado e justo – fracassa três vezes: ao cair à beira do caminho; ao se espalhar no terreno pedregoso; e ao ser jogada entre espinhos. Apesar do tríplice fracasso, ela encontra finalmente terra boa e frutifica.[4]

---

[3] Cf. Juan José Hernández ALONSO. *El Reino. La Buena noticia de Dios*. Maliaño: Sal Terrae, 2021, nota 1. p. 16 e 21. Segundo Senén Vidal, temos, nos Evangelhos, abundantes textos falando sobre o Reino de Deus: 14 vezes em Marcos, 30/31 vezes em Mateus (47 vezes no conjunto do Evangelho) e 17 vezes no Evangelho de Lucas (35 no total em seu Evangelho). A abundância de textos sobre esse assunto nos Evangelhos sinóticos contrasta surpreendentemente com a escassez nos outros textos neotestamentários, assim como no Judaísmo contemporâneo (VIDAL. *Jesús el Galileo*. Santander: Sal Terrae, 2006. p. 119-1123).

[4] Cf. Frei BETTO. *Parábolas de Jesus*, p. 42.

Jesus falou abertamente do Reino de Deus,[5] mas nunca tentou explicar em que este consistia; e não era especulação sua; pois sua simbologia recolhia as aspirações e expectativas mais profundas de Israel. Na boca de Jesus, a expressão "Reino de Deus" foi adquirindo expressiva força, desde que começou a utilizá-la de modo regular e constante. No entanto, mesmo que a expressão literal "Reino de Deus" fosse pouco conhecida, Jesus, ao que parece, não encontrou outra melhor para comunicar o que ele acreditava que deveria ser a vida dos homens e das mulheres. Pois, para Jesus, o Reino de Deus se descobre, se acolhe, se agradece, se aceita, se celebra, e isso produz mudança radical de vida (R. AGUIRRE).

Tentando emoldurar uma definição a partir das palavras e ações de Jesus, podemos dizer que Reino de Deus é:

1. A soberania espiritual de Deus sobre o mundo presente, com repercussões socioeconômicas e políticas.
2. A antecipação imperfeita dos bens que desfrutaremos na plenitude do Reino definitivo, onde as duas definições estão intimamente correlacionadas. A soberania de Deus no mundo presente deve se fazer visível em ações que concretizem sua vontade sobre a realidade histórica da humanidade. Mas essas experiências históricas não são, de modo nenhum, o Reino consumado. Para que a força do Reino de Deus aconteça,

---

[5] Cf. A expressão "Reino de Deus" apenas aparece no AT. Diz-se que Deus é "rei" (*mélek*), que Deus "reina" (*malak*). Os Evangelhos assinalam que Jesus empregava essa expressão "Reino de Deus" (*basileia tou theou*) como tradução da forma arameia: *malkutá di élahá*. Por outra parte, alguns pesquisadores afirmam que a expressão grega *entos hymin*, que quer dizer "em vós", também significa: "O Reino de Deus *está entre vós*", pois, para Jesus, o Reino *não é uma realidade íntima e espiritual*, senão uma *transformação que abrange a totalidade da vida e das pessoas* (cf. PAGOLA. *Jesús. Aproximación histórica*. Buenos Aires: PPC, 2013. p. 99-105).

precisamos alicerçá-la em *quatro pilares*: a) a justiça; b) a vontade e soberania de Deus; c) a conversão dos corações; e d) o "julgamento social" de Deus na perspectiva de Mateus 25,31-46.[6]

Na verdade – como já disse –, Jesus nunca definiu o que é exatamente o Reino de Deus. Definição é um conceito que deve delimitar, com precisão em suas palavras, o que queremos descrever, de acordo com a verdade. Mas o Reino de Deus não é uma "verdade conceitual", senão uma "forma de viver"; implica carinho gratuito, cuidado dos necessitados e excluídos. Basta pensar que Jesus nunca explicou o que é o Reino de Deus por meio de dogmas ou verdades, senão mediante comparações e parábolas inspiradas e tiradas da vida comum. Elas explicam como devemos viver em relação aos demais, ao dinheiro, ao trabalho; diante da saúde e da enfermidade; diante do sofrimento e da felicidade; diante do sucesso e do fracasso; diante do amor e do ódio.

Por isso, a pergunta principal que devemos fazer a uma pessoa, quando falamos sobre religião, não é: "Você acredita em quê?", senão: "Como você vive?". Pois, é no estilo de vida seguido que se define e se decide a religiosidade assumida por cada pessoa. É o que sempre dizia Simone Weil: "Não pela maneira de alguém falar de Deus é o que me permite discernir se nele reside o fogo do amor divino, senão como ele fala das coisas da vida, e a sua forma de se relacionar com as outras pessoas e com o mundo" (cf. *El conocimiento sobrenatural*).[7]

---

[6] Cf. Pedro Pablo Zamora ANDRADE. *Seguir a Jesús, el Señor, y proseguir su proyecto. Una tarea pendiente.* Estella: EDV, 2021. p. 192-193 (notas 12 e 13); Jesús ESPEJA. *Jesucristo. La invención del diálogo.* Estella: EDV, 2001. p. 113.

[7] Cf. José I. González FAUS. Luz e sombras (A propósito de Simone Weil). *Cuadernos* CJ 223, p. 27.

Jesus falava aos fariseus, com toda a razão do mundo: "o Reino de Deus está dentro de vocês". Não vem de fora; nem podemos achá-lo em lugar preciso. O Reino de Deus está na vida. Isto é, e falando com maior precisão, está na defesa e na promoção da vida, na luta pela vida, pela dignidade da vida. É aí onde se tem que buscar o Reino de Deus.[8]

Esse Reino de Deus vai se manifestar com expressivos e emancipadores traços:

1. Promover um modelo familiar alternativo que vai além dos laços de sangue: uma comunidade itinerante discipular de homens e mulheres.
2. Proximidade afetiva e efetiva com os mais fragilizados.
3. Traços surpreendentes de um Deus que se manifesta como masculinidade e feminilidade.
4. Convidar os mais desprezados a fazerem parte do grupo de seguidores: publicanos, pecadores, prostitutas, cananeus, samaritanos e, também, todas as crianças.
5. Modificar o agir patriarcal lavando os pés dos discípulos, fazendo tarefas realizadas apenas por escravos e mulheres.
6. Cancelar o sentido de honra ou dignidade pela situação social (cf. Marcos 10,43).
7. Propor uma visão do Reino de Deus como projeto de uma nova humanidade, como graça e gratuidade, como prática de plenitude humana totalmente includente.[9]

---

[8] Cf. CASTILLO. *La religión de Jesús. Comentario al Evangelio diário-2020*, p. 400-401.

[9] Cf. María Nely Vásquez PÉREZ. Todavía el Reino de Dios? Evolución de la teología del Reino y su impacto político, hoy. *Selecciones de Teologia* 240, p. 250-255, out./nov. 2021.

Podemos explicitar ainda mais o que seria o Reino de Deus no Pai-Nosso, dizendo que Jesus qualifica "o reinado de Deus" a "um conceito dinâmico, que corresponde à realeza e à atividade soberana de Deus sobre o universo e que, à diferença de outras soberanias, realiza os ideais de justiça e de paz, libertando o mundo inteiro de qualquer escravidão alienante";[10] "a política de Deus na Criação" (L. BOFF); ou "a vida organizada tal como a quer o Pai de Jesus" (PAGOLA. *Seguir Jesus*) ou, também: "onde o poder espiritual e o poder material são distribuídos e compartilhados de modo completamente equitativo" (J. CROSSAN). Não é outra coisa senão o resplendor da inusitada *paternidade-maternidade* de Deus se insinuando nas três petições da segunda parte da Oração do Senhor: justiça econômica para todos (o pão nosso de cada dia), reconciliação e paz entre todos (perdoai-nos porque somos perdoados) e conversão pessoal (liberação do mal e da tentação).[11] Enfim, a expressão "Reino de Deus", na boca de Jesus, equivale ao nosso "outro mundo possível", após o arrogante capitalismo (o *bem-viver* dos povos andinos).

Por isso, pela forma como Cristo Jesus anunciou a realização do Reino de Deus, os cristãos acharão legítimo lembrar – também de modo crítico –, aos responsáveis das Igrejas e das comunidades cristãs, a necessidade de conversão permanente em função da vida dos pobres. Por isso, todos, Jesus e os pobres, podem se apoiar num Pai que é mais poderoso do que o rei do Império, mais forte do que o "pequeno deus" daqueles que se impõem pela força, muito acima dos empobrecidos (cf. X. IBARRONDO).

---

[10] Cf. J. J. Hernandez ALONSO. *El Reino. La Buena noticia de Dios*. Maliaño: Sal Terrae, 2021. p. 23.

[11] Cf. FAUS. *Utopía y Espiritualidad*, p. 176.

Os cristãos devem se conscientizar de que o Reino de Deus unicamente será possível se a Igreja se transformar em lar e família para os pobres e excluídos, aprendendo a compartilhar a mesa com eles.[12]

Venha a nós o teu Reino. Que se abra o caminho no mundo da justiça, da verdade e da compaixão. Que a Boa Notícia atinja os últimos da terra. Que não reinem os ricos sobre os pobres, que os poderosos não abusem dos frágeis, que os homens não maltratem as mulheres. Que não deem a nenhum "César" o que é de Deus: seus pobres. O "Reino de Deus" é o tempo no qual Deus quer ser mesmo nosso Pai e que nos chama para que o aceitemos como Pai e aceitemos os outros como irmãos e irmãs.

Venha a nós teu Reino e perdoai-nos as nossas ofensas são os vértices das duas partes da oração: a primeira ligada ao "tu" de Deus e expressão de louvor e de adoração. A segunda ligada ao "nós", isto é, à existência humana cotidiana. A fusão dessas duas direções, com os respectivos pronomes pessoais, cria o verdadeiro sentido da oração cristã, diálogo entre Deus Pai e o homem filho. A espera e o empenho pelo Reino, isto é, pelo grande projeto de salvação e de Amor querido por Deus em Cristo, devem unir-se e alimentar-se no empenho histórico concreto pelo "pão cotidiano"; o amor para com Deus deve harmonizar-se com o amor que perdoa os irmãos e irmãs fragilizados pelo pecado.[13]

O Pai-Nosso insiste que venha a nós o Reino de Deus; ou seja, temos que "entrar no Reino de Deus"; se temos que entrar é porque podemos "estar fora". Agora, onde é que estamos? "Em que reino vivemos ou desejamos viver?" Sem dúvida "sair dos impérios" que tratam de impor os "chefes das nações" e os "poderosos do dinheiro".[14] O

---

[12] Cf. María Nely Vásquez PÉREZ. *Todavía el reino de Dios? Evolución de la teología del Reino y su impacto político, hoy*, p. 255-256.
[13] Cf. Gianfranco RAVASI. *Según las Escrituras*, p. 207.
[14] Cf. José A. PAGOLA. *Jesús. Aproximación histórica*, p. 117.

Reino de Deus, queiramos ou não, virá sem falta. Acendamos, portanto, o desejo de "viver nesse reino", de que "sejamos introduzidos nesse reino!"; que ele venha a nós e nele mereçamos reinar. *O Reino de Deus tem sua plenitude num reino escatológico*, quando Deus será tudo em todos (1 Coríntios 15,28). É o reinado do *Shalom*, de paz e de comunhão, é a plena realização das promessas. Jesus viveu seus anos terrenos sob esse horizonte último, viveu sob a expectativa da vinda do Reino de Deus, e ensinou a orar que "venha a nós o vosso reino" (Lucas 11,2; cf. 12,30). Reino de Deus como promessa escatológica foi o que situou Jesus dentro da história de seu povo, de Israel e de sua esperança. Lucas e Mateus ampliam essa história para todos os povos, e João e Paulo a amplificam para o universo. Na primeira comunidade se insistia em que a fé e a esperança permanecem inabaláveis para quem olha para Cristo "Cabeça do universo e da Igreja" (Efésios 1,3-14), plenitude (*pleroma*) da criação (Colossenses 1,15-20).

Portanto, não há uma história sagrada ou da salvação paralela à história dos povos, do universo. O Reino de Deus é o que vem para abrir o futuro de todos os povos, do universo inteiro, e Jesus é posto entre a história e esse Reino que vem. Assim se compreende e se situa ele mesmo em sua missão. Jesus agiu e ensinou da forma como viveu: sob o horizonte do Reino que vem e em clima de esperança desse Reino. Sua missão foi provocada pela aproximação do Reino, de tal forma que há uma ligação profunda com a esperança firme de Jesus na origem de suas ações. Estas se tornam sinal e antecipação do Reino escatológico que se aproxima e se torna presente exatamente em sua missão e pessoa. Por esses sinais, as ações de Jesus em sua mesma pessoa, o Reino não só vem, mas está no meio (evolui) da história.[15]

---

[15] Cf. Luiz Carlos SUSIN. *O tempo e a eternidade. A escatologia da criação.* Petrópolis: Vozes, 2018. p. 73.

Aqui, em nosso mundo, Deus criou o seu Reino, que no *Gênesis* bíblico descreve alegoricamente como paraíso (1,26-30). Aqui temos de recuperar o Reino subvertido pela injustiça e pelo egoísmo humano. Portanto, é aqui, para o bem da humanidade, que Deus quer ver seu reino se realizando (Marcos 1,15).

Precisamente pela dualidade do "já" e do "ainda não" do Reino, o cristão pode exercer um compromisso sociopolítico de índole transformadora, mas precisa fazer isso de modo crítico: lembrando, sobretudo aos poderosos, que nenhum programa de ação política e econômica poderá salvar e plenificar o ser humano. O Reino constitui uma instância crítica, diante de todo intento de absolutizar e idolatrar os poderosos de fato e intramundanos.

A questão é com que Deus tratamos de nos relacionar: com a divindade fraguada pelas nossas mãos e imaginada pela nossa cabeça ou com o Deus revelado em Jesus Cristo, desconcertante e sempre maior em sua mesma entranhável cercania? No eclipse, Deus pode brilhar pela sua ausência, como reclamo para que saiamos de nossa própria terra, para que caminhemos em busca, partindo da Presença que, como pegada de infinitude, nos constitui: "deixem de lado isto e aquilo outro, e o que permanecerá não será nada a não ser Deus" (ECKHART). Uma presença de amor que desborda nossa cabeça, mas que, ao mesmo tempo, renova continuamente o sangue do nosso coração. Uma presença que deixa marcas em nós como sinais e reclamo de futuro: "Onde você se escondeu? Amado, e me deixou gemendo? Como o cervo fugiste, deixando-me ferido; eu fui atrás de você chorando e você já era fugido!" (CRUZ). A presença de Deus em nós é o fundamento e o futuro da nossa esperança.[16]

---

[16] Cf. ESPEJA. *Huellas con futuro*, p. 145.

5.
SEJA FEITA A VOSSA VONTADE

Faça-se a tua vontade pode-se interpretar de *duas maneiras*: que a vontade Deus é *concretamente direcionada* ao homem e à mulher; mas também que o homem e a mulher precisam *concretizar* a vontade divina, *na vida, de modo consciente*. Evidentemente, o Pai-Nosso chama o homem e a mulher a uma participação ativa, em atitude orante para se comprometerem a agir segundo a vontade de Deus. O homem e a mulher se convertem, assim, em colaboradores do plano divino, para instaurar o Reino de Deus e participar, com empenho, a fim de que ele se realize o mais plenamente possível. Essa petição traz também, como consequência, uma dimensão escatológica, realizada de modo pleno numa vida "ainda desconhecida", porque o seu olhar não está ainda ao alcance da nossa percepção espiritual.[1]

Que o *Faça-se tua vontade assim na terra como no céu* não encontre tanta resistência em nós. Que na criação inteira se faça o que Deus quer, não o que almejam os poderosos da terra. Que, aos poucos, se torne realidade o que ele decidiu em seu coração de Pai. Isto é, que não encontre demasiados obstáculos e resistências em nós. Que a humanidade inteira obedeça ao chamado de Deus, que, desde o âmago da vida evoluída, convida o ser humano a sua

---

[1] Cf. AYUCH. *Jesús, Maestro y Redentor*, p. 98.

verdadeira salvação. Que a minha vida hoje mesmo procure a vontade de Deus.[2]

O que é a vontade do Pai? O que ele deseja? É a dignidade dos filhos e filhas que conduz à liberdade para amar, à fraternidade e à igualdade entre os humanos, bem como ao cuidado da casa comum, nosso pequeno planeta.[3]

Certamente, devemos entender bem o que quis dizer o Senhor com "faça-se a tua vontade..." (Mateus 6,10). Pois, muitos cristãos formaram ideias equivocadas sobre o "fazer a vontade de Deus".[4] Pois, o desconcerto que agora vivemos pode ser a oportunidade para passar de uma moral prioritariamente preceptiva e de obrigações, para uma moral inspirada e mergulhada na gratuidade do amor de Deus. Uma moral que seja "vocação dos fiéis em Cristo", cujo alimento seja fazer a vontade do Pai, a chegada do Reino de Deus e a libertação dos escravizados social e religiosamente.[5] Construir o Reino de Deus neste mundo fazendo o bem, curando doentes e combatendo as força do mal, enfim, o seguimento de Jesus Cristo será o objetivo da moral cristã.[6] Por isso, não basta rezar, como também não basta fazer coisas boas; *é preciso rezar como Deus quer e fazer o que Deus quer,* aquilo que a seus olhos é bom, agradável, promovendo uma vida humana sadia e feliz.

A natureza humana é tão complicada, que não se pode dizer, sem mais, que alguém agrada a Deus porque reza muito ou porque pratica muitas boas ações. Tudo pode não passar de "casca",

---

[2] Cf. PAGOLA. *El camino abierto por Jesús – Lucas 3*, p. 184-185.
[3] Cf. FAUS. *Después de Dios...*, p. 149.
[4] Cf. MARTÍN-MORENO. *La Biblia escuela de oración*. Bilbao: Mensajero, 2006. p. 113-116.
[5] Cf. João PAULO II. *Veritatis splendor* 11.
[6] Cf. ESPEJA. *Huellas con futuro*, p. 143.

aparências criadas por nós mesmos. Na oração do Pai-Nosso, pedimos humildemente sempre: "Seja feita a vossa vontade".[7] "Que se faça a tua vontade" significa que lhe pedimos conceder-nos essa obediência, de sorte que se faça em nós sua vontade do mesmo modo como é feita no céu.

Por outra parte, *não é certo achar que tudo o que acontece na terra seja vontade de Deus*. Há muitíssimas coisas que Deus não quer. E, se elas acontecem, não é porque Deus quer, senão porque ele não as pode evitar. Por isso que nós aprendemos de Jesus a pedir que a vontade de Deus seja possível acontecer aqui na terra como acontece nos céus.

Pois, aqui na terra, infelizmente, quase sempre a vontade de Deus não acontece. Por exemplo, Deus não quer que as crianças morram de fome, nem que existam as guerras, nem a prostituição de pessoas, nem a corrupção da política e da justiça... se isso acontece é porque certamente, de alguma maneira, Deus não reina plenamente entre nós. Desejarmos, pedirmos e trabalharmos para que seu Reino aconteça no meio de nós seria uma ótima solução para os problemas da terra; mas, por enquanto, isso fica apenas no plano da utopia.

Deus não deseja as coisas erradas e "sofre quando elas acontecem". Deus sempre "torce" para que coisas boas ocorram. Mas, se acontecem coisas más, é porque do coração humano brotam muitas fragilidades e insanidades.

Podemos dizer que Deus tem o Plano "A" e o Plano "B". O Plano A é o que ele realmente quer. Só cabem nele coisas boas..., mas não poucas vezes as coisas de Deus se frustram, fracassam. Há muitas coisas que Deus não pode fazer embora nós queiramos. Por exemplo, o homem livre comete, muitas vezes, males e injustiças, porque não

---

[7] Cf. Celso Pedro da SILVA. *Família Cristã*, São Paulo, set. 2007.

é perfeito. E ele jamais será perfeito nesta vida. Se Deus o criasse sem liberdade, não teríamos um homem, mas um animal, um robozinho. Então há o Plano B, onde se pode dizer que "Deus se vira nos trinta" para nos conduzir, de modo que também do mal possa surgir alguma coisa boa. Deus sabe escrever certo, com nossas linhas tortas...

Assim sendo, percebemos que é difícil, para nós, dizer "faça-se a tua vontade", pois sabemos que raramente correspondemos a essa vontade e, por isso, ela não acontece. Devemos aprender com Jesus. Ele rezava, dizendo: "Pai, se é possível" (Mateus 26,39), mesmo sabendo que algumas coisas não serão possíveis. Na verdade, Jesus viveu para isso, para que resplandecesse em seu agir a vontade do Pai, esse era o seu sentimento mais profundo; era seu alimento (João 4,34; 5,19; 6,38; 8,29).

Isso deve fazer arder em nossos corações o desejo de executar as coisas da melhor forma possível, para melhorar ou ajudar a melhorar a humanidade, mesmo sabendo que nem sempre isso dará certo. Carlos de Foucault rezava uma preciosa oração que pode ajudar-nos:

Pai, abandono-me em tuas mãos.
Faz de mim o que tu queres,
seja o que for, eu te agradeço.
Aceito tudo, contanto, que a tua vontade
se cumpra em mim
e em todas as criaturas.
Não desejo mais nada, ó Pai.
Hoje te ofereço minha vida
e a dou com todo o amor que possuo,
porque desejo doar-me,
e, sem medida,
pôr-me em tuas mãos,
com infinita confiança, porque tu és meu Pai.

A vontade de Deus se manifesta no jeito de ser de Jesus, que se fez pobre para nos enriquecer (2 Coríntios 8). Esse é o jeito próprio e cotidiano de Deus nos amar. Cada vez que o Senhor deseja nos dar "o que tem, ou do que ele tem ou pode", como diz Santo Inácio, o faz de maneira a se rebaixar e se fazer pequeno. Podemos contemplá-lo em toda a vida de Jesus, mas especialmente em seu modo de encontrar a comunidade como Ressuscitado e pobre, com o aspecto de um homem sem nada de extraordinário, que solicita ser acolhido em Emaús e pede algo de comer nas margens do lago Tiberíades. O "fazer-se pobre" nas palavras de Jesus – diz o Papa Francisco –, significa que se doou completamente, inclusive entregou sua vida na cruz, para permanecer plenamente despido para todos, em cada Eucaristia, e sempre revelando a incansável vontade de nos perdoar.[8]

Causa assombro que Jesus deseje nos enriquecer com a sua pobreza. Sua pobreza é aquela que se adéqua (é proporcional) à qualificação dos outros seres humanos. É esse dinamismo de Jesus que nos convida a nos associarmos, a participarmos com ele. Nos pequenos gestos cotidianos que os mais pequenos do povo fiel de Deus praticam, o Senhor vê uma ação promotora do seu Amor, e, por isso, se alegra de que o Reino de Deus foi revelado aos pequenos, como o exprime frequentemente.[9]

---

[8] Cf. Juan Carlos SCANNONE. *Encarnación, kénosis, inculturación y pobreza*. In: SPADARO; GALLI. *La reforma y las reformas en la Iglesia*, p. 526-528.

[9] No grego *eptócheusem* (= ἑπτώΧεσεν – fez-se pobre, como um mendigo) é como o *ekénôsen* (= ἐκένωσεν – fez-se como nada, esvaziou-se – Filipenses 2,7). Ambos têm um sentido permanente no "se fez carne", de João 1. Cristo, ao mesmo tempo que continua a ser homem e possui nossa carne (com suas chagas), também segue sentado à direita do Pai, intercedendo/mendigando por nós. Por isso, sua identificação com os pobres da história é real, não figurada, para "fazer de conta" (cf. SCANNONE. *Encarnación, kénosis, inculturación y pobreza*, nota 10, p. 526).

Eis a lógica e o jeito de Deus de nos amar em seu Filho, *essa sua rica pobreza e a sua pobre riqueza*, que são como as de um menino que se sabe amado pelos seus pais. Com a insistência de se fazer pobre, Jesus reforma o modo de amar: nesse estilo se sintetiza a lógica do amor. Essa interpretação do Papa Francisco nos leva diretamente ao desafio de estar no meio do povo como o lugar concreto em que esta lógica resulta compreensível e praticável, para que isso não fique apenas na abstração de um "piedoso desejo" ou de uma "adocicada invocação".

Observação catequética: a velha catequese, organizada a partir de perguntas e respostas, quando tratava sobre o porquê de Jesus ter vindo à terra, dava em resposta: Jesus veio para nos abrir as portas do céu. Ninguém cogitaria, então, pensar que a sua vinda tivesse algo a ver com a ideia de "melhorar – nem que seja um pouco – a situação da vida dos homens na terra". Pondo de lado essa desafiadora realidade, nos leva a pensar que estamos apenas "de passagem por aqui"; o período de vida seria só ocasião de "procurar méritos pessoais" para conseguir obter a salvação no além (céu). No entanto, o Pai-Nosso reclama coisas "muito concretas para o aquém" (a terra): sustento integral para todos, reconciliação, superação do mal, bem como o esforço de um reinado de Deus nesta terra, onde devemos cumprir a sua vontade, preferencialmente cuidando daqueles que, infelizmente, não têm vida em abundância, mas vida minguada, profanada, agredida, sufocada. Parece que a atual sociedade esqueceu esse dado precioso do Cristianismo, pensando erroneamente que na sua cosmovisão não se interessava pela terra, apenas pelo céu. O Cristianismo não é um fugir da responsabilidade social no mundo (*fuga mundi*), alienação, refúgio na esfera do subjetivismo interior ou escapismo da concretude da história, mas um itinerário que tem, em Jesus de Nazaré, a convergência do olhar humano e do olhar divino num único olhar.[10] Para que não aconteça o que afirma um pensador *não cristão* que dá a impressão de que, "por termos esquecido o céu para fazer apenas da terra o nosso céu, temos ficado sem céu e sem a terra" (Josep RAMONEDA).[11]

---

[10] Cf. Agenor BRIGHENTI. A Boa-Nova do Reino. Como o Evangelho social de Jesus. *Vida Pastoral* 347, p. 34, set./out. 2022.

[11] Cf. José I. González FAUS. "Locura y escándalo": un Mesias crucificado y una historia marcada por la cruz. *Perspectiva Teológica* 3, p. 590, set./dez. 2020.

6.
O PÃO NOSSO DE CADA DIA

"Quando dou esmola, não realizo um ato de caridade senão de justiça; devolvo aos pobres o que é seu por direito" (Padres da Igreja).

"Se não cuidas do pobre que está à porta da Igreja; não poderás fazer parte da comunhão eucarística do Cristo que está na Igreja" (cf. João Crisóstomo).

Dai-nos hoje o pão nosso de cada dia; isto é, que a ninguém falte o pão. Não pedimos abundante ou excessivo bem-estar para nós, apenas pão para todos (os bens imprescindíveis). Que os famintos da terra possam ter aceso a uma digna alimentação; que os pobres deixem de chorar e comecem a rir, que possamos vê-los viver com dignidade, e não morrerem em quantidade, apenas com poucos anos de vida (uns 20 mil por dia).

O quarto pedido do Pai-Nosso aparece como o "mais humano de todos". O Senhor que orienta para o essencial, para o único necessário, sabe de todas as necessidades terrenas (cf. Mateus 6,25). O pão é o que necessitamos para viver de maneira digna, não apenas nós, senão todos os homens e mulheres da terra. E isso deve ser dito não a partir do escondido egoísmo do acaparamento ou do consumismo irresponsável, senão desde a sensibilizada vontade de compartilhar o nosso pão com os necessitados.[1]

No Pai-Nosso a palavra "pão", do grego *epiousios* (επιουσιος), é uma palavra rara, que não ocorre em nenhum outro lugar e que modifica o termo "pão", cujo significado e etimologia exatos são alvo de variadas interpretações. Segundo os melhores estudos, a tradução mais original, que pertence a Mateus 6,11, seria: "dai-nos o pão de que necessitamos todos a cada dia" (porque Deus, que é Pai, oferece-o a todos), o que, na insistência de Jesus, significa que interessa o pedirmos com insistência ardente e importuna...[2]

Surgem dois significados interessantes. Um diz que a palavra "pão de cada dia" quer dizer "o necessário para existir"; o mesmo pedido soaria deste modo: "dá-nos hoje o pão de que precisamos para poder viver". Outros fazem referência ao pão do futuro, e, com isso, numa visão teológica, seria o pão eucarístico: o verdadeiro maná de Deus.

Quando pedimos o pão nosso de cada dia, isto é, para hoje, entendemos para "o nosso tempo". Ou, com a menção da parte principal, indicando o todo pela palavra pão, pedimos aquilo que é

---

[1] Cf. PAGOLA. *El camino abierto por Jesús – Lucas 3*, p. 185.

[2] Na exegese bíblica se apresentam quatro possíveis traduções: "de amanhã", "de cada dia", "necessário" ou "para o futuro". Essas quatro propostas podem ser combinadas: "o pão é, então, o pão terreno, o pão dos pobres e necessitados, e, ao mesmo tempo, por causa da hora escatológica na qual se o pede e come, o pão futuro para hoje, o pão dos eleitos e dos abençoados" (Lohmeyer) (Benedict T. VIVIANO. *O Evangelho segundo Mateus*. In: Raymond E. BROWN et al. *Novo Comentário Bíblico São Jerônimo: Novo Testamento e artigos sistemáticos*. São Paulo: Paulus, 2018. p. 159; Robert J. KARRIS. O Evangelho de Lucas. In: Robert J. KARRIS, p. 271).

suficiente para nós. O sacramento dos fiéis, que é necessário agora, não, porém, apenas para a felicidade deste tempo, mas para alcançarmos a felicidade eterna (AGOSTINHO. *Carta a Proba*). Pois o pão de todos os dias significa o "necessário para viver". Por isso, o cristão que trabalha e se ocupa do amanhã deve se preocupar para que seus talentos produzam riquezas, que ele poderá colocar a serviço dos que têm menos talento e fortuna. No entanto, ao pedirmos o pão, reconhecemos que somos necessitados dele, indigentes da sua misericórdia. Esse pão pedido com humildade vigoriza a alegria e o nutrimento para os corações, mas, para o homem soberbo e autossuficiente, isso é algo humilhante.

Jesus nos ensina a pedir o pão modestamente. Não é para pedirmos caviar, banquetes ou iguarias, dos quais só os mais abastados (e os políticos e poderosos corruptos) podem usufruir (Lucas 12,13-21). Requeremos não apenas para nós, mas para todos, o necessário para saciar a fome no mundo. E o pedimos para hoje, não para acumular irracionalmente para amanhã, nem para os próximos dez anos. Aprendamos a viver confiando na providência de Deus (Lucas 12,24).[3]

Certamente, a petição do pão (dos bens necessários para a vida honesta) não é a única, mas ela atinge sensivelmente o coração dos humanos; necessária quando ocupa seu lugar na dinâmica dos

---

[3] No mundo, temos 13,6 milhões de crianças menores de cinco anos sofrendo de desnutrição aguda grave, causando uma em cada cinco mortes evitáveis nessa faixa etária. Em várias nações, 94% das crianças pequenas não recebem a dieta de que precisam para crescer de maneira saudável; enquanto mais de 40% das mulheres e crianças menores de cinco anos são anêmicas. Mais de 6,5 milhões de crianças, em conflitos bélicos, precisam urgentemente de ajuda; muitas delas são recrutadas e empregadas como escudo humano. No que diz respeito ao trabalho infantil, existem mais de 160 milhões de crianças forçadas a trabalhar em regime de escravidão no mundo (cf. UNICEF. As crianças do mundo pagam a fatura da opulência dos ricos. *Revista IHU on-line*, 3 jun. 2022).

nossos desejos. Infelizmente, para muitas pessoas, essa é uma petição única, no sentido de se *autoabastecer* fartamente com os bens materiais; pois, para elas, o único sentido da vida é acumular bens: comodidades, luxos, riquezas, mordomias. Como o rico "epulão" do Evangelho, a quem pouco lhe importava o pobre à porta de sua casa; assim como ocorre com tantos outros ricos *autossatisfeitos*, que não se interessam nem se importam com os outros (cf. Lucas 16,19-31), ou que se importam enquanto eles lhe servem. Aos egoisticamente satisfeitos, São João Crisóstomo[4] admoestava: "Jamais esqueçais de que não compartilhar riquezas com os pobres é roubar dos pobres e privá-los de seus meios de subsistência. Os bens que temos não são apenas nossos, mas deles também". Vale a pena pensar que o mundo seria bem diferente se aqueles que acumulam riquezas conseguissem perceber que suas fortunas foram produzidas por pessoas que, não raramente no mundo capitalista, são privadas até do mínimo que lhes garanta uma vida digna.[5] Ainda Crisóstomo: "A excessiva riqueza dos homens ou é fruto da ladroagem ou filha da ladroagem".

Ponderando esse pensamento, o Padre Julio Lancellotti diz que seria muito importante que os ricos tomassem consciência dos problemas dos empobrecidos, dos evitados e dos esquecidos – os Lázaros chagados do mundo de hoje às portas do sistema capitalista neoliberal, descartados por essa mesma lógica –, para questionar-se

---

[4] João Crisóstomo nasceu em 347 (Antioquia). Foi arcebispo de Constantinopla. Era conhecido pelas potentes e corajosas homilias denunciando os abusos cometidos por líderes políticos e eclesiásticos, sobretudo pelo abandono dos mais empobrecidos. O epíteto "Crisóstomo" significa "boca de ouro" (grego). Foi considerado o maior homiliasta cristão da história. Morreu na Comana Pôntica, em 14 de setembro de 407. Foi nomeado Doutor da Igreja em 1568, pelo Papa Pio V.

[5] Eduardo MOREIRA. *Apresentação do livro: São João Crisóstomo. A riqueza e a pobreza. Sermões do Boca de Ouro*. Rio de Janeiro: Paz & Terra, 2022. p. 10.

e provocar novas atitudes de comprometimento pela construção de uma vida humanizada, sem desigualdades e com proteção social.[6]

Ainda, Jesus nos ensina a pedir "dai-nos o pão nosso", não apenas "o meu pão". Ele não ensina a pedir de modo egoísta, só pão para mim ou, em todo caso, apenas para meus filhos, para minha família. Almejar bens abundantes a eles, para toda a vida: investimentos, poupanças, ações na bolsa, capitalização, joias, e tudo mais, não servirá de muito; pois, acumular esses desejos em nossos corações "mata a vida" (PAPA FRANCISCO). Essa forma de agir leva as pessoas a "matar muitos", pois abre o caminho para o roubo com luvas brancas, a mentira bem disfarçada, a exploração escondida e a subversão da economia para benefício dos poderosos.[7]

Por isso, o pão que o cristão pede na oração não é o "meu pão", mas "o pão nosso". Assim o quer Jesus. Ensina-nos a pedir não só para nós mesmos, mas para a inteira fraternidade do mundo. Se não se reza desse modo o Pai-Nosso, este deixa de ser uma oração cristã. Se Deus é o nosso Pai, como podemos nos apresentar a ele, sem nos darmos as mãos? Todos nós. E, se roubarmos uns dos outros o pão que ele nos dá, como poderemos dizer que somos seus filhos? Essa oração contém uma atitude de empatia e de arrojada solidariedade. Na minha fome, sinto a fome das multidões e, então, rezarei e clamarei a Deus enquanto o pedido delas não for ouvido. Assim é que Jesus educa a sua comunidade, a sua Igreja, apresentando a Deus as necessidades de todos.[8]

---

[6] Cf. Julio LANCELLOTTI. Prefácio. A Aporofobia e a resposta de São João Crisóstomo. In: *São João Crisóstomo. A riqueza e a pobreza*, p. 13-14.

[7] Cf. MARTÍN-MORENO. *La Biblia*, p. 225; J. I. González FAUS. *Reconstruir las grandes palabras*. Bilbao: Mensajero, 2018. p. 43.

[8] Cf. Papa FRANCISCO. *A oração. O respiro da vida nova*. Brasília: CNBB, 2020. p. 52.

Pois, se o páo que se recita na Oração do Senhor fala de "nosso", isso impede de "privatizá-lo". Ele não foi feito para "uma pessoa só", mas para "nós". Se desejamos nos engajar nas preocupações do Pai de alimentar os pequenos, em todos os níveis de sua existência, então não rezaremos somente pelo "meu" pão, senão pelo "pão de todos": ele é "nosso" pão, como Deus é "nosso Pai".[9]

São as necessidades corporais do próximo que Mateus enumera no capítulo 25, e não as necessidades espirituais, pois foi em seu corpo, em sua carne igual a nossa, que o Filho de Deus se fez pobre e sofreu. Foi nessa carne esmagada que nos manifestou seu amor extremo; é nessa carne plasmada pelo Espírito e glorificada pelo Pai que ele se torna pão da vida eterna (o Pai é aquele que não somente dá a vida pelo engendramento, mas que também a sustenta, ao dar o pão de cada dia).[10]

Na explicação do Pai-Nosso, São Cipriano[11] direciona a atenção para dois aspectos importantes. Como já no Pai-Nosso tinha sublinhado a palavra "nosso", na sua enorme riqueza de sentido, do mesmo modo põe aqui em evidência que se trata de "nosso pão". Por isso, mesmo rezando em comunidade, não podemos pensar o pão apenas em si mesmo. Pedindo o nosso pão, portanto, será também "o pão para os outros". "Como é que alguém, depois da invocação do Pai-Nosso sobre a mesa do Senhor, na celebração da

---

[9] Cf. Jocelyn DORVAULT. *Notre Père*. Paris: Editions Du Cerf, 2017. p. 110-111.

[10] Cf. Michel SALAMOLARD. *A Eucaristia, onde tudo se transforma. Falar da presença real hoje*. Petrópolis: Vozes, 2017, nota 109. p. 72.

[11] São Cipriano nasceu em 250, em Antioquia (região situada entre a Síria e Arábia, pertencente ao governo da Fenícia). Filho de pais pagãos muito ricos, foi convertido ao Cristianismo. Foi grande promotor da oração e da espiritualidade cristã. É venerado pela Igreja Ortodoxa e Católica. Sofreu martírio em Nicomédia, em 26 de setembro de 304.

ceia do Senhor, pode dispensar-se de manifestar a inabalável vontade de ajudar todos os homens, seus irmãos, com o pão cotidiano. Com esse pedido formulado na primeira pessoa do plural (nosso, nós, nos), o Senhor diz-nos: 'dai-lhes vós mesmos de comer'" (cf. Marcos 6,37) (KOLVENBACH).

Ainda, observa São Cipriano, quem pede o pão para hoje é o pobre. A oração supõe a pobreza dos discípulos. Ela pressupõe homens e mulheres que, por causa da fé, renunciaram ao mundo, às suas riquezas e ao seu esplendor e que, portanto, pedem apenas o necessário para a vida.

Quando a Igreja fala da opção preferencial pelos pobres, o Papa Francisco nos lembra de que não se trata apenas de um sentido sociológico, senão teológico e religioso: "para a Igreja, a opção pelos pobres é uma categoria teológica antes do que cultural, sociológica, política ou filosófica" (EG 198). É olhando para Jesus Cristo que devemos trabalhar para remover as feridas da pobreza, pois, ele, sendo Deus, não se apegou a sua divindade, mas se fez homem para participar da pobreza humana e transformar a pobreza por meio de sua riqueza divina. Assim, todos os cristãos e todos os humanos de bom coração estão chamados a ter os mesmos sentimentos de Jesus e a viver com solidariedade divina. Concretamente, isso significa que cada pessoa está chamada a aprender a compartilhar com seus contemporâneos tudo aquilo que possui de modo vantajoso (cf. Filipenses 2,5-11).

Assim, na opção pelos pobres, o Cristianismo revela sua dimensão decididamente fundamental. Essa opção implica, entre outras coisas, proximidade física e ajuda imediata, como primeira atitude a ser realizada. Já Dom Bosco afirmava que não se pode falar de Deus com "pança vazia". Além do mais, em trabalho integrado, devemos direcionar o cuidado humano/espiritual, tendo, para com os pobres, solicitude religiosa privilegiada e prioritária. Eles têm necessidade de receber da Igreja/Mãe amizade, proteção, bênçãos, a Palavra de Jesus, os sacramentos e uma proposta de caminho de crescimento e amadurecimento (EG 200). Ao mesmo tempo, devemos ter abertura ao potencial evangelizador, cultura de fraternidade, superação do assistencialismo por uma cultura do trabalho. Sem omitirmos nada que se possa opor a uma corajosa atitude de enfrentar as causas estruturais da pobreza e da injustiça; a rejeição explícita da idolatria do mercado. Precisamos dar apoio aos movimentos populares; uma intensa prática do amor político, acolhimento das diferenças culturais; promoção da amizade social e um olhar prioritário às periferias geográficas e existenciais.[12]

Hoje, podemos dizer que o cristão do século XXI haverá feito a experiência do Espírito no chamado decidido à própria pobreza e diante do clamor dos pobres da terra, ou não será cristão. Chamado e clamor que estão perfeitamente apresentados na conhecida frase de Nicolas Berdiaeff: "O pão é para mim um assunto material; o pão, para meu irmão, é questão da minha sensibilidade espiritual". Essa qualidade profundamente humana e espiritual deve tocar o coração.

Cada um de nós está pessoalmente chamado a superar o arraigado egoísmo pessoal para pensar nos outros e estar com os outros. Assim como Jesus Cristo se fez pobre por nós, para ser um de nós, para estar com os empobrecidos. O relacionamento com o pobre deve converter-se, para os cristãos, no anseio central de sua vida; pois, no anúncio de Jesus, os pobres estão no centro. O Evangelho é, sem dúvida, a boa notícia para os pobres, e essa será a missão da

---

[12] Cf. CNBB. *Vida: dom e compromisso I. Fé cristã e opção preferencial pelos pobres.* Brasília: CNBB, 2021. p. 97-105 (Subsídios Doutrinais 12). Vale a pena a leitura integral do documento.

comunidade do seguidores do Evangelho: a Igreja,[13] afirmava enfaticamente Karl Rahner: "deve manifestar com credibilidade seu amor ao próximo, mediante o seu compromisso sociopolítico e a crítica à sociedade injusta (...) Se o homem da rua tem a impressão de que a Igreja é uma instituição conservadora da ordem, e de que pretende fazer justiça a todos por igual, sem colocar a preferência prioritária dos pobres e marginalizados como Jesus, se ela encontra melhor recepção entre os estamentos dos poderosos da sociedade e entre os ricos mais do que entre os pobres e oprimidos, então alguma coisa não funciona na Igreja".[14]

Enfim, quando rezamos o Pai-Nosso, não podemos deter-nos apenas em nós mesmos; em nossa oração, estão implícitos também aqueles que passam fome e sede. Ao rezar a Oração do Senhor, devemos constituir-nos em intercessores e advogados dos muitos milhões de pessoas que passam fome ao largo do mundo. Certamente que a oração do Pai-Nosso está alinhada com a recuperação da dignidade humana; isto é, participar no processo de produção do pão e dos meios de vida e comer o pão ganho como pessoas dignas. A preocupação pelo pão diário inclui a preocupação de que, na medida do possível, todos encontrem trabalho e participem na vida social e cultural. Os bens do mundo existem para todos, e todos devem poder preparar em comum a mesa e sentar-se a ela.[15]

---

[13] Cf. George AUGUSTIN. Caminos para anunciar la fe. In: George AUGUSTIN (org.). *La fuerza radiante de la fe. Identidad y relevancia del ser cristiano hoy*. Maliaño: Sal Terrae, 2016. p. 87-92.

[14] Cf. Karl RAHNER. *Que debemos creer todavia?* p. 188. In: FAUS. *Otro mundo es posible... desde Jesús*, p. 65.

[15] Cf. Walter KASPER. *Padre Nuestro. La revolución de Jesús*. Maliaõ: Sal Terrae, 2019. p. 78-79.

Para nós, hoje, o Pai-Nosso continua atual e necessário. *Vivemos num mundo de injustiças sociais, econômicas e políticas*. Maldades brotam do desejo de vingança por desejar o que o outro tem. Rezar o Pai-Nosso é se comprometer com um mundo novo, é tornar visível a santidade de Deus. É pensar no pão que alimenta nossas relações, mas, sobretudo, no pão que falta a milhões de filhos de Deus mundo afora. Quantos não têm, pelo menos, uma refeição diária. Nem é preciso ir para o continente africano para constatar isso. *África também é Brasil!* A situação atual do Brasil grita por justiça social.[16]

Os Padres da Igreja, quase que unanimemente, compreenderam esse pedido do Pai-Nosso também como pedido eucarístico; nesse sentido, o Pai-Nosso está na liturgia da celebração eucarística como uma oração da mesa eucarística. O milagre do maná aponta para além de si mesmo, desde o grande discurso de Jesus sobre o pão para os cristãos até o mundo novo no qual o Logos/Palavra, a eterna Palavra de Deus, será o nosso pão, o alimento das núpcias eternas.

Podemos trazer de novo o grande Cipriano, quando ele refere à palavra "nosso", parcialmente a Eucaristia, aquela que num sentido especial é o "nosso", o pão para os discípulos de Jesus Cristo. Nós podemos receber a Eucaristia como nosso pão, mas devemos, no entanto, também pedir para que ninguém seja cortado, separado do Corpo de Cristo. Por isso é que pedimos que o "nosso" pão, Cristo, nos seja dado todos os dias. Que nós, que permanecemos e que vivemos em Cristo, não nos afastemos da sua força salvadora, nem do seu Corpo (CIPRIANO. *De dominica oratione*).[17]

---

[16] Cf. Jacir de Freitas FARIA. O sentido da oração do Pai-Nosso e do Pão Nosso (Lc 11,1-13). *IHU Notícias on-line*, 22 jul. 2022.

[17] Cf. RATZINGER. *Jesus de Nazaré*, p. 138-143.

Na Oração do Senhor, pedimos o pão de cada dia, o qual entendemos também como especial referência ao pão eucarístico, do qual necessitamos para viver como filhos e filhas de Deus (PAPA FRANCISCO). Quando participamos da celebração eucarística, tenhamos presente que sentamos à mesa com os irmãos e irmãs para partilhar a vida (Corpo e Sangue) de Jesus em nós. Pois, a Eucaristia é o sacramento da comunhão com a fraternidade universal, do abraço com os pobres. Ao comungarmos, recebemos o "Senhor dos Pobres", o Verbo encarnado, o Ressuscitado que nos envia para dar boa notícia aos que sofrem. Não podemos receber a Cristo no altar e rejeitá-lo na história de cada dia. Necessitamos de coerência e verdade eucarística.[18]

Estarmos sentados à mesa para receber o pão e o vinho eucaristizados (comunhão sacramental) *representa o ponto culminante da celebração eucarística*, para onde se orienta toda ela. Cristo se dá realmente aos comungantes, atraindo-os à participação de seu mistério pascal, nutrindo-os e introduzindo-os na vida trinitária, construindo a Igreja em profundidade (comunhão eclesial).[19] Pois, a celebração eucarística é uma ação *comunitária-eclesial*; porque, no Cristianismo das origens, o rito central eram as "comidas eucarísticas", das quais toda a comunidade participava celebrando, ciente de ser um povo de batizados, povo sacerdotal, unido a Cristo, na unidade do Espírito Santo, comunidade de iguais, com diferenciação

---

[18] Cf. José Moreno LOSADA. Contemplación de Jesucristo, pobre. *Religión Digital*, 3 ago. 2022.

[19] Cf. Francisco TABORDA. Fazei isto em meu memorial. A Eucaristia como sacramento da unidade. In: CNBB. *A Eucaristia na vida da Igreja*. Brasília: CNBB, 2015. p. 90-91; Andrea FONTANA. *Rigenerare identità e appartenenza trai cristiani – Dispersi in Babilonia*. Torino: Elledici, 2015. p. 288; Rafael AGUIRRE (org.). *De Jerusalén a Roma. La marginalidade del cristianismo de los orígenes*. Estella: EDV, 2021. p. 248.

nos ministérios, amadurecendo como cristãos que partilham a mesma mesa, impulsionados a servir o próximo, a amar como Jesus amou, a partilhar o pão, que se reparte entre nós. A Eucaristia é o sacramento daqueles que se amam.[20]

(Sugerimos a leitura do Anexo 3.)

---

[20] Cf. Ione BUYST. Eis o mistério da fé! A Eucaristia como sacramento pascal. In: CNBB. *A Eucaristia na vida da Igreja*, p. 49-50.

7.
PERDOAI-NOS AS NOSSAS OFENSAS/DÍVIDAS

"Os homens fazemos justiça destruindo o injusto.
Deus faz justiça 'justificando' o ímpio:
transformando o injusto em justo"
(Karl Barth).

"Existem apenas dois modos de provar que amamos.
O primeiro, consiste em dar a vida pelos que amamos.
O segundo, sem dúvida, consiste em perdoar
a quem nos fez mal, até o ponto de abençoá-lo e amá-lo"
(Constantin V. Gheorghiu).[1]

Quando rezamos no Pai-Nosso: *perdoai-nos as nossas ofensas, assim como nós perdoamos a quem nos tem ofendido* (Mateus 6,12), o fazemos até com certo receio e duvidando de que isso seja possível. Pois sabemos que se perdoamos aos outros suas ofensas, também o nosso Pai nos perdoará; mas, se não perdoamos aos outros, também não seremos perdoados das nossas ofensas (cf. Mateus 14-15; CIC, n. 2838).

---

[1] Enzo BIANCHI. *Don y perdón. Por una ética de la compasión.* Maliaño: Sal Terrae, 2014. p. 37.

Ser filhos no Filho é experienciar o perdão do Pai e aprender com ele, seguindo o exemplo de Jesus e consolados no Espírito, a também perdoar. Não por acaso, um dos "pedidos essenciais" do Pai-Nosso é o perdão mútuo.[2] Pois, a quem se sabe perdoado perdoa. Quem reconhece que outro "carregou para fora" seu pecado dispõe-se a "carregar para fora" o pecado dos demais, em primeiro lugar pelo perdão e pela luta contra toda forma que o pecado tem de se inserir na história das estruturas sociais e no psiquismo das pessoas (cf. TABORDA. *As fontes do Batismo-Crisma...*).

Perdoai-nos as nossas ofensas. Precisamos de perdão, Senhor, e de misericórdia! Estamos em dívida com o Pai: não respondemos ao seu amor, não entramos no Reino dele. Que o perdão transforme nosso coração e nos faça viver perdoando-nos mutuamente. Não queremos alimentar em nós ressentimentos nem desejos de vingança.

Com efeito, rezando o Pai-Nosso, os cristãos aprendem a fazer a vontade do Pai, reconhecendo-o como bondoso e santificador, e, por isso, são impulsionados a aprender a perdoar, porque, certos da sua misericórdia, podemos pedir-lhe não só perdão por nossas faltas, mas também a força do seu Espírito para conseguirmos perdoar àqueles que nos ofendem. O perdão se situa no coração da oração cristã, e ele pertence ao coração do mistério pascal. Cristo veio perdoar as nossas faltas, todas as nossas faltas, para que sejamos conduzidos por ele à glória da ressurreição. Ao fazermos do perdão o centro da oração cristã, tal como o Pai-Nosso nos ensina, entramos, com certeza e decididamente, no caminho pascal da ressurreição.

---

[2] "Essenciais", porque essa atitude está presente tanto na versão de *Mateus* como na mais breve de *Lucas*: Mateus 6,12 e Lucas 11,4.

PAI-NOSSO, A ORAÇÃO DO ABBÁ

Pedimos ao Pai que nos perdoe, para aprendermos, sempre e continuamente, a cultivar uma autêntica atitude de perdão. Jesus nos ensinou o perdão e o amor aos inimigos. O cristão deve perdoar. Por isso, no final da vida, no nosso amoroso e definitivo encontro com o Pai, seremos perdoados. Será que poderemos de fato dizer: "Perdoa-me, Pai, como eu tenho perdoado"?

Pedindo ao Pai que perdoe nossas ofensas, tomamos consciência do que pedimos e do que temos de fazer para merecer o perdão. Pois, é preciso aprender a cultivar a qualidade do perdão. *Perdoar não é ser derrotado*, como alguns pensam. Perdoar é cura interior; é libertação das cicatrizes que arrastamos. A aspiração do perdão *não é a impunidade do outro*, senão a *reconstrução* das relações humanas.

O Pai-Nosso é a oração do perdão universal, pois, quando pedimos ao Pai que esqueça os nossos pecados, é porque já estamos dispostos a oferecer o perdão a todos os homens e mulheres, sem distinção e sem discriminação.[3]

Ainda, *perdoar não é sentir-se vencedor*, como se desejássemos ver o outro humilhado diante de nós. Com o perdão, desejamos que o outro enxergue em nós alguém que deseja ajudá-lo a *mudar de atitude*, sem pretender humilhá-lo nem estabelecer uma relação subentendida de que "somos os bonzinhos e ele é o mau".

O perdão não é derrota nem vitória. É desejo de um coração humano maduro e equilibrado que procura reconstruir qualificadamente a vida humana, como Jesus encarecidamente propõe e promove. Perdoando, captamos melhor a nós mesmos e a nossa pobreza espiritual, a fragilidade que temos, e percebemos que Jesus Cristo nos ajuda com a sua misericórdia, enxertando-a em nossos corações para recompô-lo sempre mais e melhor (MARTINI).

---

[3] Cf. CASTRO. Pai-Nosso. In: *Dicionário...*, p. 886-887.

Por outra parte, pedir perdão é aprender a "não focar" no dano ocasionado: pois, as palavras "arrependimento" e "penitência" possuem a mesma raiz: "pena". Um arrependido é alguém "contrito"; isto é, "despedaçado", "triturado", pela pena que lhe ocasiona saber que foi protagonista da dor e do sofrimento incutido ao próximo. Pedir perdão, então, não é querer aplacar o ofendido e acalmá-lo de sua ira. Pedimos perdão porque assumimos, feito próprio – digamos –, o sofrimento do outro.[4]

Imploramos também o perdão dos nossos pecados para sermos dignos de receber o perdão de Deus, comprometendo-nos a perdoar a quem nos tem ofendido. E isso não é nada fácil. Perdoar as pessoas que nos ofenderam não é fácil; é uma graça que devemos pedir: "Senhor, ensina-me a perdoar, como tu me perdoaste". É uma graça. Apenas com as nossas forças, não conseguimos: perdoar é uma graça do Espírito Santo. Assim, enquanto o "Pai-Nosso" nos abre o coração a Deus, também nos dispõe ao amor fraterno.[5]

O Pai deseja, acima de tudo, que sejamos capazes de perdoar. Isso nos interessa muito, porque, a mesma medida do perdão que damos, será exatamente a que receberemos. Quem não perdoa não tem perdão. Nesse sentido, podemos afirmar que a capacidade de perdoar é a medida da nossa capacidade de amar, de ser boas pessoas, de viver como gente que passa pela vida fazendo o bem.[6] Pois, quando promovemos a reconciliação, reconhecemo-nos capacitados para o perdão, evitando, desse modo, "desfazer-nos" do melhor que possuímos da nossa identidade humana (cf. MELLONI).

---

[4] Cf. FAUS. *Utopía y Espiritualidad*, p. 182-190; BIANCHI. *Don y perdón*, p. 37-65.
[5] Cf. Papa FRANCISCO. Como rezava Jesus. *L'Osservatore Romano* 2507, p. 16.
[6] Cf. CASTILLO. *La religión de Jesús*, p. 78.

Existem dois elementos que não podem ser separados: o perdão oferecido e o perdão recebido. Mas, muitas pessoas sentem-se em dificuldade, não conseguem perdoar. Muitas vezes, o mal recebido é tão grande, que conseguir perdoar se parece com a escalada de uma montanha íngreme: um esforço enorme; e pensamos: isso não é possível! Essa questão da reciprocidade da misericórdia indica que temos necessidade de inverter a perspectiva. Sozinhos não conseguimos, precisamos da graça de Deus, e devemos pedi-la. Com efeito, se a quinta bem-aventurança promete que iremos encontrar a misericórdia e se no Pai-Nosso pedimos a remissão das dívidas, isso significa que somos essencialmente devedores e que temos necessidade de encontrar a misericórdia!

Todos nós somos devedores, todos!... Todos estamos "em falta" na vida. Precisamos de misericórdia... Mas é precisamente essa nossa pobreza que se torna a força para perdoarmos! Somos devedores e se,... formos medidos pela medida com que medimos os outros (Lucas 6,38), então nos convém alargar a medida e perdoar as ofensas.[7]

Cada vez estou mais convicto de que o Pai-Nosso nos diz: "perdoai-nos as nossas ofensas, assim como nós perdoamos a quem nos tem ofendido", como se fôssemos nós a dar a Deus lições de perdão! Em arameu, a mesma palavra significa, por sua vez: "culpa" e "dívida monetária". Jesus viveu um mundo sufocado pelas dívidas e, provavelmente, quis dizer: "perdoa os nossos pecados, que também nós vamos perdoar aos que têm conosco dívidas econômicas" (mantém-se essa tradução, por exemplo, em catalão).[8]

---

[7] Cf. Papa FRANCISCO. A primazia da misericórdia. *L'Osservatore Romano* 12, p. 3, 24 mar. 2020.

[8] Cf. FAUS. *Otro mundo es posible...*, p. 359-360. Há indícios de que, no tempo de Jesus, os grandes proprietários fizeram fortuna se aproveitando da miséria das famílias endividadas, comprando suas terras e chegando a controlar boa

É interessante observar que a versão grega dos Evangelhos não parece falar de perdão nem de ofensas. O verbo grego *aphíêmi* (αφήμη), que traduzimos como "perdoar", significa mais do que perdoar: "largar", "colocar de lado", "deixar", "ceder", "dissolver", "soltar" (por exemplo: Mateus 4,11; Marcos 10,28; Lucas 4,18; 18,16; 1 Coríntios 7,11; Hebreus 6,1; Apocalipse 2,4). Em língua aramaica, o verbo utilizado para indicar "perdoar" era usado, ao mesmo tempo, para destacar "o perdão dos pecados e a remissão/indulto das dívidas".[9]

Então, o que chamamos de "pecados" diante de Deus pode se traduzir em forma de "dívidas" contra o próximo: por isso, quando rogamos a Deus que perdoe os pecados (ofensas, blasfêmias, orgulho...), temos que lhe dizer que cremos no perdão e que, também nós, queremos perdoar aos que nos devem algo. Por esse motivo nos parece pouco exata e, no fundo, menos evangélica, a tradução que em várias versões oficiais aparece: "como nós perdoamos aos que nos ofendem". Isso estaria correto, mas teríamos que seguir dizendo: "como nós perdoamos a todos os que nos devem algo, no plano econômico e social".[10] É bem provável que aqui estejamos aproximando-nos da linguagem e da intenção original de Jesus.

---

parte da chamada Baixa Galileia (Séforis, Nazaré, Naim, Cafarnaum). Jesus viveu praticamente entre dois períodos de grande fome na Palestina: um iniciado no tempo de Herodes, o Grande, e terminado no início de sua vida itinerante; o outro iniciado pouco tempo antes de ele morrer (PAGOLA. *Jesús. Aproximación histórica*, p. 33; 55-56).

[9] Assim mesmo, resulta curioso que a tradução latina também não tenha utilizado o clássico *parcŏ* para falar do perdão; por exemplo, para dizer "perdoai-nos as nossas ofensas", não foi traduzido "parce nobis Domine", senão "dimitte nobis debita mostra"; isto é: "solta, deixa que nossas dívidas vão embora", sem falar de culpa ou ofensa (FAUS. Rezar bien el Padrenuestro. *Selecciones de Teologia*, p. 38).

[10] Cf. Xavier Pikaza IBARRONDO. Ensénános a orar. El Domingo del Padre Nuestro. *Religión Digital*, 23 jul. 2022.

PAI-NOSSO, A ORAÇÃO DO ABBÁ

A comunidade de Mateus, onde foi transmitido o Pai-Nosso, parece não haver tido a intenção de eliminar a ambiguidade do conceito "perdão" (*shabaq*), obrigando-nos, depois, a traduzir: "perdoai-nos as nossas dívidas como nós perdoamos nossos devedores", confundindo ou assimilando o pecado a uma dívida e violentando a linguagem na tradução.

A reforma litúrgica se limitou a substituir a palavra "dívidas" por "ofensas", que, a meu ver, não respeita, de modo algum, a intenção de Jesus. Por isso, parece que Lucas, quando distingue entre pecado e dívida, está sugerindo que nossa ação de perdoar, quiçá, não se refere primeiramente às ofensas que os outros nos ocasionam, senão ao *perdão das dívidas materiais*. Isso se compreende bem no tempo de Jesus. Não poder arcar com as dívidas era causa direta da escravidão das famílias mais empobrecidas; situação contra a qual tanto lutou Jesus. Pois a sorte das famílias pobres endividadas, no tempo de Jesus, era terrível e inumana. E nós sabemos quanto mal continua a promover na vida humana a situação de injustos empobrecimentos; quantas vidas destruídas pelo egoísmo cruel e inumano dos que promovem o suborno e a agiotagem.[11]

Reforça essa opinião outra parábola de Mateus: na qual uma pessoa devia muito dinheiro para ser perdoada e sugerindo que os nossos créditos econômicos são "quase nada" diante do que devemos a Deus.

Na questão das dívidas que temos de pagar, muitas vezes, na hora de pagar, parecemos querer julgar os outros de que não merecem receber perdão, e tentamos nos safar da situação. Deveríamos pensar um pouco naquela parábola de Jesus: o irmão do filho pródigo, tão cumpridor e praticante, sempre obediente a seu pai,

---

[11] Cf. José A. PAGOLA. *Jesús. Aproximación histórica*, p. 112.

recrimina-o, porque: "... veio esse filho teu, que esbanjou toda a tua fortuna com prostitutas, e matas o cordeirinho cevado para celebrar sua volta; e a mim nunca me destes um presente assim...".

O pai poderia ter-lhe dito: "é verdade, meu filho, mas, pelo que vejo, todas essas boas obras tuas de nada te serviram para mudar teu coração; poderia ter um coração bom, mas o teu coração é duro. E para que eu quero mais corações duros?". Poderia ter-lhe dito isso, mas, como ele também era seu filho, não falou... E, com isso, deu-lhe um presente maior do que se tivesse matado um cordeirinho para ele.[12]

Deus, apesar de nossas fragilidades, se deleita conosco e se alegra com o que somos. Um presbítero, que trabalhava com jovens drogados, lhes dizia: "Deus é alguém incapaz de afastar seus olhos de vocês, porque os fez e os acha lindos". Reconhecer que somos pecadores não implica sentir-nos amargurados com nós mesmos. Deus se deleita com cada um de nós, e nós devemos fazer o mesmo. Devemos sentir-nos felizes, porque nossa felicidade está "embutida", digamos assim, no amor incondicional e total de Deus. O amor de Deus é um *amor louco e absoluto* que supera em muito as nossas capacidades humanas.

Olhemos com carinho para o amor derramado por Jesus ressuscitado na manhã de Páscoa. Na Sexta-feira Santa, a humanidade fez o pior mal possível: rejeitou a Deus; crucificou o amor encarnado. Com isso, nós dissemos: "Não, não queremos ser amados". Pois bem, na manhã da Páscoa, Deus nos diz: "Esqueçam a Sexta-feira! Vocês não devem falar mais disso!". O perdão de Deus é assim: ele toma nossos erros, nossas loucuras e os torna parte de uma vida que

---

[12] Cf. FAUS. *Utopía y Espiritualidad*, p. 191-193; FAUS. Rezar bien el Padrenuestro. *Selecciones de Teología* 241, p. 37-43, jan./mar. 2022.

é bela. Não esqueçamos as palavras de Jesus: "eu vim para que tenham vida, e a tenham em abundância" (João 10,10). Na verdade, Deus, em Jesus, nos ama com todas as nossas limitações; não ama uma versão "limpa e esterilizada" de nós. Ele não é um Deus que sofre de amnésia. Deus é amor e perdão, e é dessa experiência de Deus como amor que surge a vida de Jesus... Só o amor é a força alternativa e construtiva, a verdadeira força que vence, e o homem é chamado a abandonar-se totalmente a ela. É um novo modo de ver as coisas, a própria vida e, também, um modo inusitadamente novo de enxergar a história. Paradoxalmente ao que possa parecer, sempre vencerá unicamente o amor![13]

O perdão é o gesto mais magnânimo do que é capaz o ser humano: olhando para a etimologia do termo "perdão", é possível perceber que a palavra provém do latim *perdonum*; isto é, *per-donum*, em que a preposição *per*, acrescentada à palavra que a acompanha, lhe outorga um teor superlativo; e *donum* significa, para nós, "dom" = presente, qualidade inata de se doar. Portanto, podemos dizer que "perdoar" é saber cancelar – por amor – algo provindo de outra pessoa que me tenha ofendido (LIBANIO). Com isso, podemos dizer que possuir a capacidade humana de perdoar é, para o cristão, atingir a última etapa do caminho de sua humanização; fineza na forma de proceder com o próximo.

O perdão – podemos dizer – faz bem, antes de mais nada, à vítima, que liberta a si mesma, conhece uma paz profunda e se sente mais livre. Perdoar cura, é bálsamo para as feridas, que deixam de ser chagas para se converter em cicatrizes. Perdoar é um evento que instaura nas relações humanas uma confiança mais sólida, uma acolhida mais cordial, uma comunhão mais intensa. Não é

---

[13] Cf. MAGGIONI. *El rostro nuevo de Dios*, p. 101; RADCLIFFE. *El borde del mistério*, p. 50-53.

mera casualidade que, segundo a tradição cristã, constitua a alegria maior de Deus (cf. Lucas 15,11-24).

Jesus agiu desse modo; sempre e continuamente demonstrou atitudes de perdão. Por isso, podia exigir, com autoridade, que seus discípulos estivessem "disponíveis a perdoar"; dispostos a ter empatia com quem padece do mal, do pecado, da dívida... Dizendo-lhes: "sede misericordiosos como vosso Pai é misericordioso" (Lucas 6,36). Por conseguinte, o discípulo se encontra diante de Deus com humildade e coragem e pode orar, dizendo: "perdoa-nos os nossos pecados, pois nós também perdoamos a todo aquele que nos deve" (Lucas 11,4; Mateus 6,12). O Deus que anuncia Jesus em sua predicação profética é o Deus que sente mais alegria por um pecador que retorna a casa do que por noventa e nove justos que não precisam converte-se (cf. Lucas 15,7). É o Deus que enviou seu Filho amado para os pecadores, para os enfermos, e não para aqueles que se consideram justos e sãos (cf. Marcos 2,17 e paralelos); Jesus chegou, por isso, a ser considerado "amigo dos pecadores" (Mateus 11,19; Lucas 7,34); que tem na terra poder sobre os pecados em nome de Deus (Marcos 2,10).

Ainda, Jesus exige de seus discípulos: "Se perdoardes as faltas uns aos outros, também vos perdoará o vosso Pai que está nos céus. Se vós, porém, não perdoardes aos outros, vosso Pai também não perdoará as vossas faltas" (Mateus 6,14-15: única petição do Pai-Nosso comentada explicitamente).[14]

Enfim, entrando na escola do perdão inaugurada por Jesus, percebemos quão comprometedor é rezar o Pai-Nosso. Pois a Oração do Senhor nos abre a uma cultura do diálogo e a um novo modo de gerir os conflitos; isto é, que não nos acostumemos a

---

[14] Cf. BIANCHI. *Don y Perdón*, p. 53-57.

orientar o coração à aniquilação do adversário, senão à reconciliação e à paz. Isso só será possível se nós, em virtude e pela graça do perdão de Deus para conosco, também, da nossa parte, nos aventurarmos a um novo começo com nossos inimigos e dermos um passo à frente para iniciar um novo futuro em comum. Assim, seremos iniciados vigorosamente na escola dos discípulos de Jesus, para destruirmos o encoberto ódio que se dissemina entre os humanos; pois, como genialmente escrevia Shakespeare: "o ódio é um veneno que você bebe esperando que o outro morra". Parafraseando, Frei Betto acrescenta: "o ódio destrói quem odeia, não quem é odiado". Então, terá vigência a exigente promessa das bem-aventuranças: "Alegrai-vos e exultai, porque é grande a vossa recompensa nos céus..." (Mateus 5,12). Pois, peçamos no Pai-Nosso que Deus, perdoando-nos, conceda-nos a graça de termos sempre disponibilidade para perdoar.[15]

Hoje importa resolver nossos muitos problemas, entre eles, um dos mais graves é o ódio, que tão facilmente substitui o amor. Não podemos ser cristãos encobrindo a sede de vingança que frequentemente desloca o perdão, como incentivo para melhorar a nossa vida. Não podemos olvidar que Jesus de Nazaré proclamou, até a saciedade, a primazia do amor e que, para aqueles que, como nós, se deixam levar muitas vezes por interesses por demais vulgares, ele implantou a norma de conduta do perdão incondicional, o perdão bíblico de até setenta vezes sete. Se não conseguimos sentir que Jesus caminha ao nosso lado, que o experimentamos vivo na vida de nossos semelhantes e que encarnamos o amor que lhe devemos abrindo nosso amor aos irmãos, de pouco servirá que batamos arrependidos em nosso peito, que recitemos longas ladainhas aos

---

[15] Cf. KASPER. *Padre Nuestro. La revolución de Jesús*. Maliaño: Sal Terrae, 2019. p. 94 (Colección El pozo de Siquén 413).

santos, que defendamos com unhas e dentes o Credo e inclusive, que, de vez em quando, ofereçamos algumas moedas como esmola. Nossa excelsa missão cristã requer que vivamos de tal modo que Jesus passeie pelas nossas ruas e fale alto e claro em nossas praças...[16]

O Papa Francisco nos exorta ao perdão, dizendo que, aprendendo a perdoar, entramos na "lógica fora de série da misericórdia de Deus". Pois *a misericórdia é o coração de Deus*, que sempre deixa abertas as possibilidades de encontrarmos, incansavelmente, caminhos de libertação e salvação.[17]

Em outra oportunidade, o Papa exorta os presbíteros confessores: "(...) 'o perdão é um direito humano'. Todos nós temos o direito de ser perdoados. Todos. De fato, é o que o coração de todo homem anseia mais profundamente, porque, afinal, ser perdoados significa ser amados pelo que somos, apesar de nossas limitações e nossos pecados. E o perdão é um 'direito' no sentido de que Deus, no mistério pascal de Cristo, o concedeu de forma total e irreversível a todo homem disposto a acolhê-lo, com coração humilde e arrependido. Ao dispensar generosamente o perdão de Deus, nós, confessores, colaboramos na cura dos homens e do mundo; cooperemos na realização daquele amor e daquela paz que cada coração humano anseia tão intensamente; com o perdão contribuímos, permitam-me a palavra, para uma 'ecologia' espiritual do mundo".[18]

---

[16] Cf. Ramón HERNÁNDEZ. Que nos llega hoy de Jesús de Nazarét. *Religión Digital*, 18 jul. 2022.

[17] Cf. Papa FRANCISCO. Homilia em Malta – domingo, 3 abr. 2022. *Vatican News*, 2022.

[18] Papa FRANCISCO. "O perdão é um direito humano". Acolhimento, escuta e acompanhamento segundo o Papa Francisco. *IHU on-line*, 20 abr. 2022.

8.

E NÃO NOS PERMITAIS ENTRARMOS/CAIRMOS EM PROVAÇÃO

Uma velha tradição oriental sobre o Pai-Nosso traduz "tentação" e não "provação". Mas, o termo hebraico que está por trás do significado expresso no Pai-Nosso, inclina-se mais para "provação" do que para "tentação". Seu primeiro emprego aparece no "repulsivo" relato de Gênesis 22,1, onde Deus "coloca Abraão à prova", propondo-lhe que ofereça em sacrifício seu filho Isaac, "queimando-o completamente" (ὁλόκαυστον). Na verdade, desse relato devemos aprender que Deus "nunca manda provações ao ser humano". Quem põe à prova nossa vida são os amigos, os inimigos, os vizinhos, os colegas de trabalho, as vicissitudes da vida, as paixões pessoais, as fraquezas; isto é, a provação está em todos os instantes da vida.[1] Na verdade – como dizia Santo Agostinho –, as tentações surgem do coração, das paixões desenfreadas, mas também de fora, do mal que

---

[1] Cf. CHOURAQUI. *A Bíblia – Matyah*, n. 13, p. 111; o biblista Ariel Valdés afirma que esse relato é um dos mais repugnantes da Bíblia. Os cristãos devem superar o pensamento de um Deus que põe os seres humanos à prova. Ao contrário, devemos ler este texto (e tantos outros) com a perspectiva de que Deus é amor e que ama as crianças. Numa palavra, Deus é sempre o Deus bondoso de Jesus Cristo (cf. VALDÉS. *Que sabemos sobre a Bíblia?*, v. 7, p. 37-46).

nos circunda. Portanto, devemos estar advertidos para que não aconteça que, privados do auxílio de Deus em alguma tentação e iludidos, consintamos ou cedamos a ela perturbados (cf. *Carta a Proba*).

Por isso, o Pai-Nosso traz implícito o pedido de sermos socorridos contra todos os males: trate-se do inimigo íntimo, presente nos instintos e nos desejos, ou da realidade da morte que ameaça esmagar pessoas, países e o mundo.

O termo grego usado para dizer "tentação" é *peirasmós* (πειρασμός), cujo significado não é apenas "prova", "verificação", mas também "sedução", "ludíbrio", "incitação ao mal". Então, o que devemos entender por tentação? Os biblistas apresentam diferentes significados, tanto o termo estando no singular quanto no plural.

No singular, parece tratar-se apenas de um olhar como "tentação escatológica". Isto é, uma tentação que pode colocar "dúvidas sobre o que acontece no final da vida". Mas, o termo pode ser interpretado também de modo genérico, entendido como múltiplas formas de tentações, ou no plural, entendido como os problemas que enfrentamos no decorrer da vida humana. Essa explicação seria a mais aceita, já que toda a nossa vida está cheia de "tentações".

Agora, pedir a Deus que "não permita cairmos na tentação" obedece a uma visão arcaica e imatura do Deus bíblico. Pois, o povo semita considerava que Deus era o autor direto de tudo o que acontecia: bom e mau; portanto, em determinados momentos ele é benfeitor e, em outros, uma tremenda ameaça à nossa vida.

Seja como for, o sentido literário da expressão do Pai-Nosso, hoje, à luz da moderna hermenêutica, não nos permite continuar a pensar que Deus nos tenta efetivamente para o mal, colocando-nos ou nos conduzindo à prova. Isso não é digno do Deus amoroso revelado em Jesus.[2] Certamente que esse processo de amadurecimento e de elucidação exige um continuado caminho de iluminação sobre a ideia que temos de Deus, à luz da pregação de Jesus Cristo.

Essa forma de traduzir o pedido do Pai-Nosso não parece correta, se queremos interpretar o verdadeiro sentido do pedido de Jesus. Não é Deus que "nos deixa/nos induz" a cair em tentação: ele jamais deseja levar-nos para o pecado ou para o mal. Tentemos colocar, assim, o autêntico sentido das palavras de Jesus: "Não nos abandones quando formos tentados, mas livra-nos das possibilidades de fazer acontecer o mal". Isto é, os cristãos pedem ao Pai para intervir positivamente em seu auxílio, de forma a ajudá-los a vencer, diante da real capacidade de obrar o mal.

Não é possível pensar que Deus nos induz à tentação ou nos introduz nela, porque a ele só interessa amar-nos e salvar-nos. Todo o seu ser consiste em nos amar, nos apoiar e nos promover ao bem, até a plena realização, simbolizada pelo seu "Reino" de amor, justiça e felicidade. Deus não nos impulsiona à tentação nem se limita a não nos deixar cair nela. Ele se esforça incansavelmente para nos ajudar a não sucumbir a ela.[3]

Enfim, *não é possível viver sem tentações*. Na verdade, a tentação não é nem boa nem má. É simplesmente *inevitável*. Todo homem e toda mulher terão tentações, uma vez que, ao terem sido criados livres, sempre estarão diante de dois caminhos/escolhas – digamos –, duas possibilidades de agir: uma delas boa e a outra má, ou, pelo menos, não a melhor. Se as pessoas escolhem o caminho certo, crescerão e

---

[2] Cf. FERRETTI. *Imparare a pregare*, p. 118-119; Jocelyn DORVAULT. *Notre Père*, p. 135-147 (interessante reflexão sobre o tema).

[3] Cf. Andrés Torres QUEIRUGA. O Papa, o Pai-Nosso e a oração de petição. *IHU on-line*, 14 dez. 2017 (publicado em: *Settimana News*, 13 dez. 2017).

amadurecerão; se optam pela vida equivocada, se autodestruirão, se corromperão. Mas esse modo de vida carece de moralidade. Passa a ser bom ou mau, segundo a decisão que cada indivíduo vier a tomar.

Se alguém não passa por tentações, poderíamos considerá-lo desumanizado, já que os desafios de sua liberdade não se manifestariam. Um ser humano sem tentações não pertenceria à categoria dos seres humanos: seria muito "anormal".[4]

Saber que enfrentaremos várias formas de tentações pode servir para percebermos os pontos mais sensíveis das nossas fragilidades. O que serve para que estejamos atentos, para que nos fortaleçamos no conhecimento da dinâmica das nossas fragilidades. Primeiramente, precisamos observar as formas de sedução que nos rodeiam: sensualidade, inveja, avareza, orgulho, prepotência, crueldade, violência... Essas coisas provêm de "fora", "do exterior", mas também habitam no nosso obscuro e recôndito "interior" (Marcos 7,17-23).

Isso nos leva a olharmos para o nosso interior com atenção, humildade e verdade, de forma a saber que não podemos cair nessas tentações; a estarmos alertas sobre os nossos "pontos fracos", que podem surgir em determinadas circunstâncias: agressividade? avareza? luxúria? orgulho? É sempre bom e desafiador nos aprofundarmos no autoconhecimento com muita humildade.

Em seguida, precisamos perceber a *tentação do silêncio de Deus*: uma tentação muito séria, tanto no passado como hoje; pois estamos circundados da incredulidade, de um humanismo permissivo e omisso. É a tentação que nos assalta quando nos sentimos sozinhos, abandonados, privados de apoio e de ajuda (Marcos 15,34; Salmo 22,2).

---

[4] Cf. Ariel Álvarez VALDÉS. *Que sabemos sobre a Bíblia?* Aparecida: Santuário, 1997. v. 3. p. 91.

A tentação de *desvalorizar o Evangelho*. O nosso mundo demasiado secularizado exclui o Evangelho das esferas sociais: economia, política, ciência, cultura, moral. Na vida social e política, tudo se desenvolve "ut si Deus non daretur" (BONHOEFFER): como se Deus não existisse. Enfrentar esse desafio implica alicerçar nossa vida na oração, especialmente na Eucaristia, afirmar-nos na Palavra do Senhor, nos sacramentos e na vida comunitária. Precisamos aprofundar e purificar a imagem que temos de Deus, espelhados na experiência do Papai de Jesus Cristo, Nosso Senhor, imagem essa comunicada sempre pela unção do seu Espírito: um Deus que se manifesta não nas coisas mirabolantes nem em fáceis triunfos, senão na humildade, na fragilidade, nos sofrimentos, na pequenez, como dom de amor que deseja suscitar respostas livres e saudáveis.

A tentação do *individualismo espiritual*. O Papa Francisco descreve essa moda como "morboso individualismo", ou "consumismo espiritual" (EG 89). Devemos olhar para Jesus, que nos introduz num saudável relacionamento humano, em relações que nos levem a uma experiência com Deus. Devemos trabalhar a "mística fraterna" (EG 87, 92).

Enfim, a *tentação da acédia egoísta e da mundanidade espiritual*, que contraria o verdadeiro espírito evangélico. A tentação de buscar a aparência, a ostentação, o sucesso, bem como de ocupar espaços de poder social e político, sem nos importarmos com a situação do povo, especialmente o mais empobrecido. No fundo, isso reflete uma certa mundanidade espiritual, que conduz os cristãos a levarem uma vida "pacata, sossegada e supérflua".

Não esqueçamos que somos portadores do DNA do "pecado original",[5] presente na humanidade ferida pelo orgulho (Adão); e

---

[5] A doutrina do pecado original surge como uma ideia brutal de que todo ser humano seja culpado "antes de seu primeiro respiro" e que a humanidade seja uma massa condenada de pecadores, uma massa de indignos. Isso assusta, e muito.

que eu prefiro chamar de "fragilidade originante": *desejarmos ser como Deus*. Sermos senhores e juízes do bem e do mal, "onipotentes". Projetamos uma imagem de Deus que brota do nosso egoísmo, do nosso desejo de domínio sobre os outros, à procura de uma liberdade desenfreada, ilimitada... Sem perceber que essas são atitudes de pessoas religiosas "infantilizadas", pouco amadurecidas.

O que fazer? Diante dessas atitudes, certamente devemos fazer crescer em nós a "consciência das nossas fragilidades" (cf. Mateus 26,41).

A atitude de "fugir das ocasiões" não faz parte da formulação do Pai-Nosso. Mas, oportunamente, o Cardeal Maria Martini afirmava que essa atitude cabe implicitamente no pedido do Pai-Nosso. Assim, ele propunha uma "reformulação" na forma de rezar a oração: "não nos conduzas à tentação; e nós, da nossa parte, procuraremos evitar as ocasiões de pecado; para deixar em claro a nossa necessária colaboração" (*Il Padre nostro*). Já Jesus oferecia algumas sugestões para conseguirmos fugir do escândalo (Mateus 5,29-30; 18,8-9). Não teria sentido pedir que o Senhor nos liberte das tentações, se nós não nos dispusermos a evitar cair nelas, ou se não nos mostrarmos fortes na luta contra nossas próprias fragilidades; devemos ser prudentes, sem a presunção de pensar que somos esnobadamente fortes e plenamente juízes de nós mesmos. Parece oportuno lembrar a advertência de Paulo em 1 Coríntios 10,12-13: "Portanto, quem julga estar de pé tome cuidado para não cair. Não tendes sido provados além do que é humanamente suportável".[6]

Certamente que a teologia moderna não propaga mais uma formulação do pecado original à maneira agostiniana. No entanto, a liturgia ainda fala de culpa e de perdição (Hermann HÄRING. O celibato pode ser abolido sem problemas! *IHU on-line*, 8 jun. 2022 – publicado em: *Fine Settimana*, 29 maio 2022).

[6] Cf. FERRETTI. Non ci indurre in tentazione, ma liberaci dal male. In: Giovanni FERRETTI (org.). *Imparare a pregare. Alla scuola del Padre Nostro*. Assis: Cittadella, 2018. p. 118-131.

Podemos pedir ao Senhor: "Não nos deixeis. E ajudai-nos para que não nos inclinemos à tentação. Somos frágeis e estamos expostos a perigos e crises que podem arruinar a nossa vida. Dai-nos vossa força. Não deixeis que a tentação se introduza em nossa vida".

9.

Livrai-nos do mal

A última petição do Pai-Nosso apresenta duas versões diferentes: "livrai-nos do mal" ou "livrai-nos do maligno", segundo o que se pode entender por *ponerós* (= πονηρός: mau, perverso, pernicioso, espírito maligno), seja em gênero neutro ou no masculino. No entanto, em ambiente judaico, não se usa "o Mal" ou "o Maligno", em forma de substantivo, para designar o "diabo/Satanás", senão sempre em forma de adjetivo. Por isso, seria correto entender a petição em termos de outros significados menos personalizados. O mal, de que pedimos para sermos libertados, *trata-se, na realidade, de experiências cotidianas traumáticas*: doenças, tribulações, pessoas más e paixões desordenadas. Assim sendo, dizer: "livrai-nos de todo mal", é pedir que Deus resgate/proteja nossa vida daqueles que nos causam danos e, enfim, de toda espécie de mal que depaupera nossa humanidade.[1]

Portanto, o mal referido nesse último pedido do Pai-Nosso não parece referir-se "ao diabo" ou "ao maligno", que nunca é designado em forma de substantivo, no mundo antigo, senão sempre em forma de adjetivo (espírito mau, espírito mudo etc.), e que, por sua vez, é expressão típica de Mateus. Isso não define ser a melhor tradução a

---

[1] Cf. José Luis SICRE. *El evangelio de Mateo. Um drama com final feliz*. Estella: EDV, 2019. p. 134.

de Mateus; pois a vinculação com o pedido anterior leva a crer e a pensar, hoje, que esse mal nos envolve *desde dentro e por fora*. Por isso, a tentação não está em realizar "uma prova de fidelidade para com Deus", senão nas circunstâncias que nos constituem e nos envolvem e que poderíamos definir como "perdão estrutural"; pois Jesus não pede que sejamos libertos do "maligno" (mal personificado), mas sim *de todo tipo de mal* (simbolizado pela figura de um falso deus = o demônio) que nos envolve e nos desestrutura.[2]

Essa petição final, que é apresentada apenas por Mateus, reforça e culmina em toda a oração. *O mal está sempre aí, com todo o seu poder devastador*. Jesus nos convida a viver sem medo, confiando que o Pai pode nos ajudar a livrar-nos do mal. Somos responsáveis de nossos pecados e erros, mas também de suas vítimas. O mal e a injustiça não estão apenas em nossos corações, mas também, e acima de tudo, nas estruturas e instituições. Estão na dinâmica da história. Às vezes, parece que o poder do mal invade tudo... "Pai, arrancai-nos do mal!" Pois seria melhor pensar que esse mal que nos rodeia desde dentro e por fora, concretizado na palavra "tentação" – que não pode ser entendida como *uma prova particular à qual Deus nos submete* –, faz referência às circunstâncias que eventualmente nos envolvem e que a teologia chamará de "pecado original", ou melhor, de "pecado estrutural" ou "fragilidade originante" (ver nota 2 do capítulo anterior).

Esse grito de socorro: *Livrai-nos!* fica ressoando em nós; assim termina a oração de Jesus. Os cristãos acrescentaram o "amém", que significa "assim seja" ou "assim confio eu"; "assim queremos rezar sempre"; "assim queremos viver confiando totalmente em ti, Nosso Pai": "abençoando teu nome; acolhendo teu Reino; fazendo

---

[2] Das referências ao demônio, temos 78 no Novo Testamento: 26 em Mateus, 2 em Marcos, 13 em Lucas, e 3 em João.

tua vontade; recebendo de ti o pão de cada dia, o perdão e a força para vencer o mal...".[3]

Quando falamos sobre as tentações, nosso olhar se direciona com facilidade apenas para as perversões sexuais, que não são poucas nem indiferentes, mas muito piores são as tentações contra o amor ao próximo, como a tentação de procurar habilmente tirar proveito de algo em prejuízo dos irmãos e irmãs, ou pagar com a mesma moeda àquele que nos prejudicou... A tentação de fazer que as coisas sejam boas apenas para nós mesmos e ruins para os outros; difamar o outro, mesmo sem termos fundamento do que falamos. Com respeito às tentações, na verdade, Deus "não nos introduz nelas"; somos nós que "estamos já metidos nelas". Não há neste mundo vida sem tentações.[4]

Pedir que Deus nos livre do mal leva-nos a pensar que ainda não estamos desfrutando daquele bem em que nada nos atingirá. Esse último pedido da oração dominical é tão amplo, que o cristão, diante de qualquer tribulação, pode gemer e até derramar lágrimas, mas sempre confiando na amorosa assistência e consolo divinos.

Deus, ao criar por amor, sem dúvida, *quer o bem, e só o bem para suas criaturas.* O mal, em todas as suas formas, se opõe tanto a ele quanto ao fruto de sua criação. O mal existe porque é inevitável tanto no mundo físico quanto na dimensão moral, tendo em vista as condições de um mundo como o nosso, com liberdades finitas e temporais. Por isso, não se deve jamais dizer que Deus "manda" ou "permite" o mal, mas que *ele o sofre e o padece como frustração da obra de seu amor em nós.*

---

[3] Cf. PAGOLA. *Dejar entrar en casa a Jesús*, p. 209-210.
[4] Cf. KASPER. *Padre Nuestro*, p. 96.

Felizmente, o mal não é absoluto: podemos e devemos lutar contra ele, sabendo que Deus está ao nosso lado, limitando-o e superando-o, já agora dentro dos limites da história, assegurando-nos o triunfo definitivo, quando esses limites se romperão pela morte. Por isso, em elementar rigor teológico, não tem sentido que "peçamos" ou tentemos "convencer" a Deus de nos livrar de nossos males. Pelo contrário, Deus é o primeiro a se doer e a lutar contra eles, e é ele quem nos chama e "suplica" que colaboremos com essa sua luta. *Ele* nos chama a unir-nos à sua ação salvadora para vencermos o mal e estabelecermos o Reino. Essa é a imagem de Deus que os cristãos devem gravar em nossos corações e ensinar aos outros, por meio de oportuna catequese, diante de um mundo tão cruelmente fraturado e crucificado. Deus não ostenta uma onipotência arbitrária e abstrata, que, podendo livrar-nos do mal, não o faz, ou que o faz somente às vezes, ou em favor de uns quantos privilegiados, mas sim se solidariza conosco até o sangue de seu Filho. Ele é nosso grande companheiro, que sofre caminhando conosco e nos compreende.[5]

Certamente que o problema do mal e da morte se revela crucial e angustiante para a maioria dos homens e mulheres de hoje. Nada causou tanto dano à humanidade quanto a imagem de Deus da forma ordinária, que infelizmente surge como a única, para explicar a sua relação com o mal.[6]

---

[5] Cf. Torres QUEIRUGA. *Um Deus para hoje*. 3. ed. São Paulo: Paulus, 2006. p. 21-22.

[6] João Batista LIBANIO. O problema do mal. *Revista de Teologia Horizonte* 9, p. 1, dez. 2006; QUEIRUGA. *Repensar o mal: da Ponerologia à Teodiceia*. São Paulo: Paulinas, 2011; QUEIRUGA. La imagen de Dios en la nueva situación cultural. *Selecciones de Teología* 170, p. 13-116, abr./jun. 2004; Jeanne Stevenson-MOESSNER. El camino de la perfección. El sufrimiento en la Carta a los Hebreos. *Selecciones de Teología* 170, p. 83-92, abr./jun. 2004.

Assim sendo, seria muito difícil tratar como "Papai" o Deus de Jesus, como ele mesmo ensinou, a não ser que isso comporte um compromisso e um empenho em lograr que esse Nome resplandeça em nosso mundo, que o reinado desse Deus/Pai se faça presente e que se cumpra nesta terra sua vontade fraternizadora. Seria, como diziam os medievais, "flatus vocis"; isto é, um "sopro de voz, hálito, aragem". Em consequência, é preciso lutarmos por uma civilização da *sobriedade compartilhada e do perdão e do reconhecimento mútuos*, para vencermos a consciência da própria maldade e da necessidade de perdão. Mas, esse compromisso só resultaria factível, se o modo de acolher a força de Deus nos ajudar a superar o poder do mal que nos domina, para evitar que caiamos na tentação que nos conduz à maldade.[7]

É bem conhecido o dilema ou paradoxo de Epicuro de Samos[8] sobre Deus e o mal. Se Deus *pode tudo* e não quer evitar o mal, *ele não é bom*; se quer e *não pode, ele não é onipotente*. Assim, é muito fácil aceitar a "não existência de Deus"; pois seria um "deus inútil". Estamos pedindo a Deus que nos livre de todo mal, mas ele "não pode" fazer isso.

Por outra parte, tendo uma ideia deformada da criação, como criação perfeita, fixista, não perecível e muito menos perfectível, mantendo o pressuposto de que é possível um mundo sem mal, não seria nem humanamente digno nem intelectualmente possível acreditar num Deus que, sendo possível, não impede que milhões de crianças, homens e mulheres, morram de fome ou que a

---

[7] Cf. FAUS. *Outro mundo es posible... desde Jesús*, p. 361.
[8] Epicuro de Samos (*Epikouros* = "aliado", "camarada") é um filósofo grego do período helenístico (341 a.C./Samos-270 a.C./Atenas). Seu pensamento foi muito difundido entre os numerosos centros epicuristas que se desenvolveram na Jônia, no Egito e em Roma, a partir do século I.

humanidade seja destruída pela guerra, pelo câncer ou por qualquer outra doença (por exemplo, a Covid-19...).

Pois é, se o mal pode ser evitado, não há razão nenhuma para que esses males existam. De nada serve proclamar a existência de Deus, se ele não pode evitar os sofrimentos de seus filhos e filhas. Assim sendo, o certo é que neste mundo, finito, limitado, é inevitável que não existam males. Pois, o mundo, em contínua evolução, não pode configurar-se sem transformações e catástrofes; uma vida limitada não pode escapar à dor e à morte; uma liberdade finita não pode excluir *a priori* uma situação-limite de falha e de culpa.

Pessoas de fé ou não sempre terão de enfrentar esse dilema: dar sentido à vida num mundo ferido pelo mal de modo inevitável e terrível.

O estudo sobre o mal (*ponerologia* [πονηρός/*ponerós* = maldade, fazer o mal, perverso]), num olhar de fé, diz que carece de sentido pretender que Deus possa criar um mundo sem males. Seria tão absurdo como exigir-lhe que crie um círculo quadrado. Não é que ele não possa, é impossível.

Deus cria o mundo por amor e deseja que aconteça nele o melhor, apesar de que, pela sua estrutura de materialidade limitada, isso não será possível. No entanto, ele resgata o mundo do mal definitivamente, quando, após a morte, quebra misericordiosamente toda finitude histórica. Essa fragilidade criacional é plenamente atingida no destino de Jesus: na cruz, mostrou-se como todos fomos "mordidos" pelo mal, mas, na ressurreição, desvelou-se que o mal não tem e não pode ter a última palavra. Um Deus que cria por amor só deseja o bem para suas criaturas. O mal, em todas as suas formas, existe porque é inevitável, tanto física como moralmente, na condição de existência deste mundo finito e da nossa liberdade fragilizada. Não deve, pois, dizer-se que Deus "assim o manda ou o permite", senão que ele *sofre conosco* e *padece conosco*; isto é, com a frustração que toca a obra de seu amor em nós. Deus é o "anti-mal": o salvador que luta contra o mal e nos convoca a colaborar com ele.

Por isso, os cristãos devem ter muito cuidado com as orações de petição que apresentam a Deus. Não se trata de negar ou ocultar as nossas necessidades, mas parece incorreto o modo como pedimos. Por exemplo, pedimos a Deus que "acabe com a fome do mundo", que "cure um familiar doente". Em nosso inconsciente, parece que pedimos porque estamos certos "de que ele pode cumprir/realizar esses pedidos para nós". Portanto, se nosso pedido não for realizado, é porque ele "não quer". Assim sendo, "ele não é tão bonzinho quanto parece": é indiferente e até cruel, como já se queixava um homem diante dos massacres de Auschwitz, Hiroshima, Arquipélago Gulag: "Um Deus que permite crimes tão espantosos, fazendo-se cúmplice de homens tão perversos, dificilmente poderá ser chamado Deus", ou, como acrescenta Jon Sobrino: "... Este mundo é uma imensa cruz e uma injusta cruz para milhões de inocentes que morrem nas mãos de verdugos e de prepotentes senhores; 'povos inteiros crucificados' (Inácio Ellacúria)... Essa crucifixão abarca *quantitativamente* dois terços da humanidade; e *qualitativamente* porque é das situações mais cruéis e clamorosas".[9]

Resulta, então, que nossa forma de orar/pedir *há de ser diferente*. Nossa oração não deve ocultar a indigência humana nem silenciar o desejo de ajuda e melhora, mas sim deve ser expressa de outro modo, respeitando o incomensurável amor de Deus, que se revela preocupado com o mal muito mais do que todos nós, bem como manifestando o esforço para alimentar a confiança e avivar o agradecimento pela sua presença e ajuda.

---

[9] Cf. Jon SOBRINO. *A misericórdia*. Petrópolis: Vozes, 2020, p. 16.

Devemos, portanto, ter muito cuidado com os pedidos e preces que apresentamos a Deus, particularmente nas celebrações litúrgicas. Assim, por exemplo: "Pedimos-vos, Senhor, que as crianças do mundo não morram de fome. Rezemos ao Senhor. Senhor, escutai a nossa prece!".

O que se observa nas entrelinhas, quando formulamos uma petição desse modo? É como se nós, os humanos, sempre bonzinhos, pedíssemos porque somos necessitados, enquanto Deus parece estar sendo "muito exigido com o pedido"; precisa ser acordado: "escuta", "pedimos-vos"... e ele nada faz. A dinâmica da oração bem estruturada direciona justamente ao contrário: Deus, com olhar sempre atento sobre nós, está nos chamando incansavelmente às portas da nossa consciência, para que escutemos os gritos dos mais fragilizados e vulneráveis, irmãos e irmãs nossos, e para que tenhamos compaixão de sua dor. É ele que nos chama e nos suplica. Deus não é um Deus de "onipotência arbitrária e abstrata", que, podendo nos livrar do mal, não o faz, ou, se o faz, atende apenas a alguns privilegiados. O Nosso Deus e Pai de Jesus é um Deus "solidário com todos até a cruz"; o *Deus antimal*, o grande companheiro, que sofre conosco e nos compreende (WHITEHEAD). O Deus das "bem-aventuranças de Jesus". Ele está ferido pelo sofrimento, colocando-se ao lado dos marginalizados e doentes, dos explorados pelos homens corrompidos pelo abismal egoísmo, e, no final da vida, nos resgata com a justiça e a bondade do Reino.

Por isso, quando Jesus nos ensina a dizer: "Livrai-nos do mal", não é que Deus vai nos livrar de todo mal. Ele enviará o divino Espírito Santo para que tenhamos *lucidez e coragem* e para que procuremos, com muita luta e paciência, uma forma para derrotar o mal que ele já venceu na cruz. Do contrário, seguiremos tendo uma religiosidade "mágica" e "ilusória", que espera dos céus o que dali não virá.

Desgraças poderiam ser aproveitadas (se é que podemos dizer assim) em favor de nossa purificação e amadurecimento. Por isso, pedimos profundamente que a fé não nos seja arrebatada, pois ela nos permite ver um Deus que nos liga a Cristo. Suplicamos que, por causa dos bens, não percamos o Bem; para que, na perda dos bens, não percamos o Bem maior: Deus; para que não nos percamos: "livrai-nos do mal!".

São Cipriano, bispo e mártir, dizia: "Quando dizemos livrai-nos do mal, então nada mais resta a pedir. Quando alcançamos a proteção pedida contra o mal, então estamos seguros e protegidos contra tudo o que a maldade e o mundo possam desencadear sobre nós. Que medo poderia vir do mundo para aqueles cujo protetor no mundo é Deus". Aprendamos dos mártires, que ficavam alegres e confiantes diante de um mundo cheio de ameaças, pois eram libertos para a verdadeira liberdade.

Nesse sentido, regressa-se com este último pedido aos três primeiros: uma vez que pedimos a libertação do poder do mal, suplicamos, em última instância, o Reino de Deus, a nossa unidade com a sua vontade, a santificação do seu nome.[10]

Pois bem, uma listagem fenomenológica dos tantos males que se verificam neste mundo pode nos ajudar a tomar consciência da gravidade das situações e das suas terríveis consequências. Façamos um breve elenco deles:

- males de natureza moral e pessoal: maldade, abandonos, traições, cobiça, violência, guerras, genocídios, atos terroristas...;

---

[10] Cf. RATZINGER. *Jesus de Nazaré*, p. 151.

- males que decorrem da estrutura do pecado, pelo qual somos seduzidos/envolvidos moralmente, e aqueles de que, em certa medida, somos corresponsáveis: uma economia injusta (EG 53-60), uma política corrupta e corrompedora, um sistema informativo, cheio de mentiras e de *fake news*;
- males de natureza psíquica e física: depressão, angústias, desesperação, doenças, catástrofes naturais, morte. Males relacionados aos males morais, que têm uma misteriosa ligação entre a ordem moral e a realidade física e psíquica...;
- Outros male existem: apostasia ou aqueles que desejam se excluir do mistério salvífico de Deus.

Diante desses males, qual seria a atitude que podemos colher do Evangelho, particularmente do Pai-Nosso? Algumas sugestões:

1. *Acolher confiantes a absoluta bondade de Deus*, que não deseja nunca o mal em nenhuma de suas formas, por isso, coloca nos lábios de Jesus a invocação de que nos livre de todo mal. Tal invocação não apenas deseja confirmar os desejos mais profundos do nosso coração, segundo o que foi observado: o Evangelho e o coração ecoam em uníssono, mas também estão em sintonia com o coração do Pai, em confiado abandono à sua vontade sempre benfazeja.

2. *Ter compaixão pela humanidade sofredora*. Somos convidados a rezar no plural: livrai-nos, todos, de todos os males. A grandeza do Reino de Deus exige a preocupação pela salvação de todos, inclusive a salvação definitiva. Somos oprimidos e rodeados de toda classe de males, como membros de uma humanidade solidária e sofredora, onde sofrem não apenas os pecadores, mas também muitos inocentes, muitos... A invocação "livrai-nos do mal" é o grito que nasce da humanidade sofredora e que pode

virar mesquinho "individualismo espiritual", se na oração cotidiana não a tornamos nossa, se não a sentimos intimamente como nossa, se não nos deixamos envolver por essa preocupação.

Não nos é permitido salvar-nos sozinhos; no Pai-Nosso, resplandece o "nós" para ensinar-nos a superar o "autismo egoísta", pensando só em nós mesmos. Jesus Cristo, em seu amor doado, morreu por todos, para atingir a todos, envolver a todos. Não podemos ser plenamente felizes, se outros sofrem, e, muito menos, se uma parte de humanidade não conhece a felicidade em Cristo. Por isso, a insistência do Pai-Nosso em almejar a "libertação em todos de todos os males".

3. Colaborar ativamente para a libertação do mal, o quanto possível, em sintonia com a prática de Jesus, que, durante sua vida terrena, curou, perdoou, reabilitou os marginalizados, de modo a se dizer que não existe mal nenhum do qual ele não tenha tido compaixão. Sem esquecer que Jesus nos libertou de todo mal pregado na cruz, do mal em forma extrema de cruz, até compartilhar a sensação humana do abandono de Deus, morrendo entre pessoas consideradas "malditas de Deus".

Agora, sem dúvida, Jesus deseja seguir libertando-nos de todo mal, por meio do seu corpo, que é a Igreja, animada pelo dom do Espírito e pela dedicação dos que nele acreditam.

Como discípulos de Jesus, estamos impelidos a agir ativamente nessa obra de libertação sobre todo mal; seja diretamente ou em forma de intercessão. Não podemos permitir que, em nós, impere uma "consciência isolada e desinteressada" que "deixa de fora os outros" (cf. EG 281-283).

Insistir no Pai-Nosso sobre a invocação "livrai-nos do mal", em nome de Jesus Cristo, significa abrir, apesar de tudo, nossos corações à confiança e à esperança. Nenhuma ação que seja realizada para livrar os irmãos do mal ficará frustrada (cf. EG 279).[11]

Enfim, a última petição do Pai-Nosso é a concretização daquilo que temos suplicado no pedido central do Pai-Nosso, sobre a irrupção do Reino de Deus. O Reino de Deus não vem a um mundo que se apresenta *neutral*, nem sequer *tão saudável*, mas sim, como diz João Evangelista, o Reino vem a "este mundo" que, em muitos aspectos, não é muito bom e onde estamos expostos a variadas tentações do mal. Deus permite isso para que não sejamos privados do dom da liberdade. Com o seu Reino, ele vem em nosso auxílio. Pois, em Cristo, o Reino possui a vitória sobre a injustiça, a mentira, o ódio e a violência.[12]

Enfim, a estrutura do Pai-Nosso responde à forma oracional hebraica, ou *berakáh*. Ela inicia com uma *berakáh* e encerra com uma *berakáh* resumida. Por esse motivo, é improvável que o Pai-Nosso termine com as palavras: *livrai-nos do mal*. Parece mais fiel à tradição da oralidade hebraica a forma de conclusão apresentada em alguns códices de Mateus, que termina assim: "Porque teu é o Reino, o poder e a glória, por todos os séculos dos séculos. Amém" (hoje versão ecumênica).

---

[11] Cf. FERRETTI. *Non ci indurre in tentazione, ma liberaci dal male*, p. 138-143.
[12] Cf. KASPER. *Padre Nuestro*, p. 102.

10.

Porque vosso é o Reino, o poder e a glória

Mesmo que a oração que rezamos em continuação do Pai--Nosso seja presidencial, segundo as indicações do *Missal Romano*, por seu conteúdo e estrutura (paráfrases da última petição do Pai--Nosso), é ponderadamente uma *oração da comunidade, própria da assembleia*.[1]

Quando o *Missal* estava em processo redacional, alguns propuseram suprimir esse embolismo,[2] conforme o princípio conciliar de evitar duplicidade e repetições (cf. SC 50), mas, pelo fato de uma tal prolongação da última petição do Pai-Nosso se encontrar em quase todas as formas litúrgicas – tanto latinas quanto orientais –, optaram por conservá-la também no rito romano.

---

[1] No rito romano, aparece uma certa prolongação do último pedido do Pai--Nosso. Na reforma conciliar, essa oração foi modificada, a fim de oferecer um final de conotação escatológica e dar espaço à doxologia: "Vosso é o Reino...".

[2] A palavra vem do grego *emballo*/embolismos (εμβόλισμος) = intercalar, enxertar, fazer entrar, introduzir uma coisa em outra. Na liturgia, dá-se esse nome ao comentário ou glosa que se acrescenta à oração do Pai-Nosso "Livrai--nos, Senhor, de todo mal...": "o embolismo é o desenvolvimento da última petição da oração dominical; nele se pede, para toda a comunidade dos fiéis, a libertação do poder do mal" (IGMR 81) (José ALDAZÁBAL).

No embolismo litúrgico do *Rito da comunhão* aparece como o melhor comentário à petição do Pai-Nosso: "não nos deixeis cair na tentação". Com isso, se quer insistir que não se trata de um Deus malicioso que poderia introduzir-nos à tentação; muito pelo contrário, trata-se de um Deus que, no nosso mundo cheio de tentações, vem em nosso auxílio derramando misericórdia: ele é o Deus que com seu obsequioso poder nos contagia de coragem, segurança e esperança para vencer o mal.[3]

O embolismo do Pai-Nosso, que surge como uma aclamação doxológica (isto é, de glorificação), já aparece na *Didaquê* e em outros códices do *Evangelho de Mateus*, como conclusão da Oração do Senhor. É provável que essa doxologia tenha sido acrescentada pelo desejo de que uma oração tão indispensável, como é o Pai--Nosso, não acabasse com uma invocação negativa (*livrai-nos de todos os males*), mas com um louvor a Deus, no melhor perfil das bênçãos judaicas (além disso, de teor escatológico). Já no século II, a Igreja incorporou definitivamente o Pai-Nosso na liturgia, acompanhado de uma simples doxologia, que resumia novamente, em forma de louvor, o que no Pai-Nosso se diz em forma de oração de petição (1 Crônicas 29,11; *Didaquê* 8,2).[4]

O Pai-Nosso começa elogiando a bondade de Deus, o louvor da sua santidade, sua presença sempre presente, a alegria de sua vinda e de sua justiça, a perspectiva da realização e consumação da sua vontade salvadora de integrar tudo num universal Reino da paz, onde cada um tem a sua missão, para, em seu lugar e a sua maneira, cumprir a vontade de Deus.

---

[3] Cf. KASPER. *Padre Nuestro*, p. 102-103.
[4] Cf. KASPER. *Padre Nuestro*, p. 105-108; ALDAZÁBAL. *A Eucaristia*, p. 446.

PAI-NOSSO, A ORAÇÃO DO ABBÁ

Por sua vez, Deus não se cala diante da necessidade terrena do pão de cada dia, do pecado e da culpa que pesam sobre nós, das tentações do cotidiano e da ameaça da maldade. No entanto, em meio a tantas penúrias, de uma coisa estamos seguros: podemos triunfar sobre elas em virtude do amoroso poder de quem venceu toda injustiça, pecado e morte, e enviou-nos o Espírito Santo como "protetor e consolador". Ele merece, pois, nosso louvor; a ele devem ser oferecidos poder e glória.

Em todas as petições do Pai-Nosso há um harmonioso mesclado de liberdade divina e humana. Evidentemente, Deus e o homem não são "sócios *equiparáveis*". A liberdade de Deus fundamenta a nossa, envolve-a e a sustém em todo instante: sem ela, posso "evaporar", "cair no nada". Certamente que isso é um mistério insolúvel; quem pretendesse achar uma explicação certa e completa mergulharia na pura presunção. Para nós, isso é um mistério luminoso. Porque Deus nos ama tanto que, ainda que depois de adentrados na trilha da liberdade desastrada nós tenhamos descarrilhado, ele nos acolhe, apesar das misérias, e se deixa ferir mortalmente por nossas espinhas, para se colocar completamente próximo, disponível, diante da nossa infantilizada liberdade.

Após a suplicante exposição de nossos desejos terrenos, a oração volta à primeira parte do Pai-Nosso, ao louvor do santo nome de Deus e de seu Reino vindouro, que encontra sua consumação quando a vontade salvadora de Deus se cumpre e ele passa a ser tudo em todos. Tudo neste mundo passa; o Reino de Deus permanece para sempre. Quem apostar nisso subsistirá e não será jamais confundido. Nessa firme confiança, podemos orar o Pai-Nosso e dizer "sim" e "amém".

A assembleia celebrante responde: *Teu é o Reino*. Nessa oração, o Espírito de Amor divino assume nossas fraquezas. Torna-se adoração a Deus em espírito e em verdade. Torna-se expressão da vida em Cristo.

A força da oração, assim como a nossa vida, vive desta experiência fundamental: "Tudo é graça". Todo poder amoroso e gratuito vem de Deus.

O Reino de Deus deve brilhar na vida dos homens, quando nos dispomos a colaborar na sua construção; é preciso fazê-lo acontecer como Reino da graça, da paz e da alegria.

O sincero louvor "Teu é o Reino" liberta-nos de toda estreiteza e de todo comodismo. Jesus nos toma pela mão e nos conduz para que nos sintamos honrados e confiantes em seu fraterno aconchego. Encoraja-nos a estarmos bem-dispostos e abertos de coração ao agir de seu Pai.

Teu é o poder. Nós admiramos, como em Jesus, a força que se manifesta na fraqueza, na mansidão e no sofrimento humilde. Assim, o louvor "Teu é o poder" torna-se um convite insistente para seguir a Jesus no caminho da mansidão e da humildade, na doença e no sofrimento, colocando nossa esperança no poder de seu Pai, poder esse diferenciado e de forma única revelado como definitivo e insuperável em seu Filho Jesus, como servo sofredor.

Nessa visão, o louvor se transforma em âncora firme de esperança e de confiança. Eu posso tudo naquele que me conforta. A força que nos impele, de dentro e de cima, a sermos fiéis ao programa de vida do Pai-Nosso, chega até nós através do louvor a Deus, por sua poderosa graça que conquistou grandes vitórias no humilde redentor Jesus Cristo, que nos convida insistentemente a segui-lo. Pois, rezando o Pai-Nosso, devemos aprender a maravilhar-nos, admirar, agradecer e louvar ao bom Deus.

Tua é a glória. Glorificar a Deus é uma atitude fundamental tanto no AT como no NT, e que se torna também fundamental na liturgia cristã. A glória de Deus, *kebod Jahweh*, ilumina quase todas as páginas do AT. O fiel bíblico se sente invadido da glória de Deus e seu coração se transforma em todas as suas ações. Assim, vai experimentando uma misteriosa harmonia de santo temor e ilimitado júbilo.

Quem teve uma profunda noção e experiência inicial da glória de Deus chora e exulta ao mesmo tempo, louva e se põe a caminho. Essa experiência se experimenta como programa da vida: "tudo para a maior glória de Deus" (*Ad maiorem Dei gloriam*), como gostava de ensinar Inácio de Loyola, sobre a motivação apostólica de seus discípulos.

Essa experiência aclamativa: "tua é a glória", convida sempre a um exame de consciência: meu interesse, nosso interesse, em tudo, é louvar a graça e a benevolência de Deus? Posso apresentar esse ou aquele desejo perante Deus, como um louvor?[5]

Observação litúrgica: o texto de continuação do Pai-Nosso parece ser "quase repetitivo" e, por isso, não é oportuno que seja cantado, para não lhe dar excessivo destaque. É pouco razoável cantar o embolismo, quando as partes mais centrais da anáfora (prefácio) são apenas recitadas/rezadas (no entanto, alguns liturgistas são da opinião de que não haveria dificuldade nenhuma em recitar o embolismo e cantar a aclamação: "Vosso é o Reino, o poder e a glória para sempre!"). O primeiro texto que segue ao Pai-Nosso é apenas uma simples oração (até secundária); o segundo, "Vosso é o Reino...", por sua vez, é uma aclamação, e, como tal, seu gênero literário aconselha que seja cantada.[6]

---

[5] Cf. HÄRING. *Comentário ao Pai-Nosso*, p. 108-112.

[6] Cf. Pedro Farnes SCHERER. La teologia de las rubricas. In: ASOCIACIÓN ESPAÑOLA DE PROFESORES DE LITURGIA. *Ars Celebrandi. El arte de celebrar el Misterio de Cristo*/9. Pamplona: Sekotia, 2006. p. 64-65.

II.

O PAI-NOSSO NO CORAÇÃO DA VIDA

David Bowie, no concerto de 1992 em homenagem a Freddy Mercury no estádio de Wembley, em Londres, começou recitando o Pai-Nosso. Naquela circunstância declarou: "Recitar o Pai-Nosso naquele palco pareceu-me um gesto natural. Uma invocação para me reencontrar".[1]

O Pai-Nosso é a síntese orante de todo o dinamismo libertador que o Evangelho oferece. É o anúncio do Reino tornado desejo nos corações que, em Jesus Cristo, aprendem a orar forjados pela energia interior do Espírito. Há séculos que o Pai-Nosso caminha com o povo de Deus, assumindo e elevando sua capacidade de amar, esperar, agir e lutar. Apresentamos, a seguir, uma forma alargada e reformulada da Oração do Senhor, carregada de um olhar apostólico e social:

PAI/MÃE, poderoso, doce e infinito Amor universal,
NOSSO, dos bilhões de homens e mulheres, vosso benquerer,
sem distinção de credo, gênero e etnia,
QUE ESTAIS NOS CÉUS e no íntimo de cada um,
e, com mais carinho, no meio dos injustiçados e desvalidos,

---

[1] David Bowie e o sentido do domingo. *L'Osservatore Romano* 28, p. 7, 14 jul. 2020.

SANTIFICADO SEJA O VOSSO NOME, tão profanado
pelos poderosos, mas força tão suave nos lábios dos humildes.
VENHA A NÓS O VOSSO REINO de verdade e de liberdade,
de justiça, de Amor e de paz,
SEJA FEITA A VOSSA VONTADE NOS CÉUS E NA TERRA,
em nossas famílias e cidades, em todos os povos e nações.
O PÃO NOSSO DE CADA DIA NOS DAI HOJE, partilhado
em festiva alegria entre irmãos e irmãs.
PERDOAI-NOS AS NOSSAS DÍVIDAS, em vosso Amor
sem reserva e sem fronteira,
ASSIM COMO NÓS PERDOAMOS AOS NOSSOS
DEVEDORES, sem guardar no coração ressentimento ou amargura,
NÃO NOS DEIXEIS SUCUMBIR À TENTAÇÃO do egoísmo
que isola e da ambição que tudo concentra em prejuízo
dos sem-pão, sem-terra, sem-lar,
MAS LIVRAI-NOS DO MAL do pecado pessoal e coletivo,
dos monstros frios do ódio, da discórdia e da guerra,
POIS VOSSO É O REINO, O PODER E A GLÓRIA
PARA SEMPRE, ó Pai/Mãe de bondade, nossa esperança,
nossa alegria de viver e de lutar. Amém.[2]

ORAÇÃO PARA TODOS OS DIAS...
UNIDOS DE CORAÇÃO

Se é verdade que tu podes rezar em casa, não te será possível – nem mesmo que o desejares – rezar de semelhante modo a como juntos rezamos na assembleia dominical... (Crisóstomo).

---

[2] Carlos JOSAPHAT. *Falar de Deus e com Deus. Caminhos e descaminhos das religiões hoje.* São Paulo: Paulus, 2004. p. 57-58.

PAI-NOSSO, A ORAÇÃO DO ABBÁ

Entregando-nos o Pai-Nosso, Jesus quis introduzir-nos em sua própria experiência de filialidade coloquial com o Papai, comunicando-nos seus sentimentos e atitudes mais profundos. Nessa oração, Jesus abre os alargados horizontes de sua vida interior, onde ressoam as múltiplas vozes das orações do AT, sobretudo os *Salmos*, iluminados dentro da inédita novidade do Evangelho.

Se desejarmos "aprender a orar" como discípulos, sintonizados com o estilo oracional do nosso Mestre e Senhor, devemos "mergulhar na escola do Pai-Nosso". O estilo de Jesus suscita, em nós, seus mesmos sentimentos, os desejos mais profundos do seu coração e, ao mesmo tempo, os desejos que mansamente o nosso coração alberga. Só assim conseguiremos a cada dia rezar o Pai-Nosso frutuosamente, a sós ou junto dos irmãos e irmãs na liturgia. Sobretudo, conseguiremos plasmar a sua forma em todas as nossas orações e ações, para que realmente sejam feitas "no nome de Jesus"; isto é, animadas por seu Espírito filial, conectadas no essencial relacionamento com o Pai, abertas à comunidade dos irmãos e irmãs.[3]

Na boca de Jesus, o ensinamento do Pai-Nosso, pronunciado em contextos e situações determinadas, se faz "força humanizadora" ao longo da vida de homens e mulheres que o seguiram. Pois, quando analisamos hoje o Pai-Nosso, temos de considerar conjuntamente a história de sua tradição e a história em seu dinamismo. Suposta, evidentemente, toda a fidelidade ao texto originário, temos de interpretar também simultaneamente o Pai-Nosso tendo em vista a nossa atual situação.

Jesus ensinou o Pai-Nosso a seus discípulos como convite e introdução para concretizar em seus seguidores um sóbrio estilo oracional. Para isso, prometeu-lhes o Espírito Santo, para recordar-lhes

---

[3] Cf. FERRETTI. *Imparare a pregare*, p. 6.

e introduzi-los em toda verdade (João 14,26; 15,26; 16,13). Só no Espírito e com sua ajuda, podemos rezar retamente (Romanos 8,26). Nesse sentido, os discípulos de Jesus transmitiriam o Pai-Nosso a todas as gerações como um tesouro de oração; como oração proferida no Espírito que nos acompanha, consola, fortalece e anima. Também nós não poderemos – por mais que o intentemos – explicar e entender objetivamente o Pai-Nosso, se não mergulharmos em uma atitude orante. Pois, toda interpretação da oração dominical tem como fonte o estilo oracional de Jesus.

A linguagem oracional é uma linguagem particular. Uma oração não é um texto doutrinal nem um discurso sobre Deus, senão amorosa conversa com Deus: com aquele com quem gostamos de nos entreter a sós (SANTA TERESA DE ÁVILA). Por isso, o Pai-Nosso não é uma somatória de verdades doutrinais; muito menos, uma antologia de preceitos morais. Uma oração não diz o que temos que fazer; muito pelo contrário, lamenta e confessa o que não temos feito; portanto, nossas omissões e o que temos feito de modo equivocado ou mal. Na oração, a interioridade se eleva até Deus, segurada pelo Espírito, e põe a ação, com plena confiança, nas mãos de Deus. Só daí é que vamos tirar forças e ânimo para a ação pessoal. Sem essa elevação confiante ao Pai de Jesus, nós nos afogaremos em inevitáveis preocupações, problemas e necessidades da nossa vida pessoal. A oração é o respiro da interioridade; dá-nos o ar que precisamos e nos conduz a lugar espaçoso (cf. Salmo 18,20).

Na oração, reconhecemos nossa finitude de criaturas diante de Deus; reconhecemos, com isso, simultaneamente o senhorio de Deus, junto da sua glória, seu poder e sua bondade. Isso implica descobrir uma visão teológica do ser cristão. A oração não expõe essa teologia como uma doutrina abstrata, senão em forma de *glorioso louvor*.

Aquele que ora consciente de que todas as suas palavras e conceitos, em referência a Deus, parecem superlativamente imperfeitos. No entanto, o mesmo Jesus convidou-nos a rezar o Pai-Nosso à vontade. Por isso, atrevemo-nos a dirigir-nos a seu Pai, cheios de confiança, com as mesmas palavras de Jesus; a apresentar-lhe nossas petições e clamores, a estarmos seguros, na fé, de que as palavras dessa oração não cairão na vacuidade, mas serão escutadas pelo Papai comum de todos.[4]

É sugestiva a versão livre do Pai-Nosso que González Faus oferece para os dias de hoje:[5]

Pai de todos que estais além da nossa dimensão.
Que resplandeça vosso Nome paterno/materno.
Que chegue a nós vosso reinado de fraternidade,
para que assim se cumpra na terra vossa vontade,
como se cumpre em vossa dimensão divina.
Ajudai-nos a dar a todos os homens o sustento cotidiano.
Dissolvei as dívidas que temos convosco,
como nós liberamos os insolventes que nos devem algo.
E não permitais que nos derrote a nossa maldade interior,
mas livrai-nos também do mal estruturado que nos envolve.

Decerto, essa versão não serve para ser rezada na liturgia da Igreja, mas a podemos acolher como forma de oração pessoal. Espero que, recitando o Pai-Nosso dessa forma, possamos perceber como Deus ensina a nos comportarmos, levando a sério o desejo de recebermos o perdão e lutarmos para superar os nossos egoísmos interiorizados.

---

[4] Cf. KASPER. *Padre Nuestro*, 2019, p. 15-19.
[5] Cf. FAUS. *Otro mundo es posible...*, p. 362; FAUS. *Rezar bien el Padrenuestro*, p. 42.

12.
O PAI-NOSSO
NA CATEQUESE E NA LITURGIA

"[Aprendemos o Pai-Nosso]
daquele que soletrava em Belém,
agonizou na cruz e triunfou na Páscoa..."
(Dom Pedro Casaldáliga).

Seria oportuno introduzir pedagogicamente os catequizandos a saborearem o conteúdo do Pai-Nosso; isto é, introduzi-los à única e apaixonante experiência de encontrar-se com o Papai de Jesus. Singular experiência de ser seus filhos e filhas, irmãos e irmãs de seu Filho amado e de todos os seres humanos.[1]

O texto do Pai-Nosso surpreende por sua simplicidade, equilíbrio e perfeição. Para a sociedade no tempo de Jesus, sociedade da oralidade e da escuta, sua estrutura parecia ótima: a invocação,

---

[1] Cf. Carmelo Bueno HERAS. *Dicionário de Catequética – Pai-Nosso*. São Paulo: Paulus, 2004. p. 837-843; Eduardo CALANDRO; Jordélio Siles LEDO. *Psicopedagogia catequética. Reflexões para a catequese conforme as idades*. São Paulo: Paulus, 2010-2011. v. 1-2-3; ACOFOREC. *O potencial religioso da criança*. São Paulo: Paulinas, 2008. p. 133-164; CENTRO EVANGELIZZAZIONE E CATECHESI DON BOSCO. *Scuola per catechisti. Schede per la formazione personale e di gruppo*. Torino: Elledici, 2014. p. 279-295; Emílio ALBERICH; Ambroise BINZ. *Catequese com adultos*. 2. ed. *Elementos de metodologia*. São Paulo: Salesiana, 2001. p. 98-100.

os dois ou três pedidos no singular e os três ou quatro pedidos no plural facilitavam a rápida apropriação *mnemotécnica do texto*.² O seu vocabulário tipicamente judaico está intimamente relacionado com as orações piedosas e populares da religiosidade judaica, já descritas no início desta obra (Capítulo 1: "Como o Pai-Nosso foi...").³

Na verdade, desde os inícios do Cristianismo, o Pai-Nosso marcou toda a vida cristã, a ponto de ser colocado nos itinerários da Iniciação à Vida Cristã (IVC), como um momento todo particular concretizado na *entrega do Pai-Nosso como rito celebrado inadiavelmente*. Pois, entregar a Oração do Senhor implicava descobrir o coração da mensagem evangélica, fazendo dela um tesouro pessoal, mais ainda, uma expressão oracional de toda a comunidade, reunida como filhos e filhas do mesmo Pai e irmãos e irmãs de Jesus. Isso transmitia sensivelmente aos catecúmenos a pertença a uma comunidade que segue fervorosamente a Jesus. Com isso, atualizar-se-á, no aqui e agora, o Reino de Deus; isto é, que todos se salvem e cheguem ao conhecimento pleno da verdade.

A pregação de Jesus engloba toda a mensagem do Pai-Nosso; pois os conteúdos da fé/confiança anunciados por Jesus são expressão celebrativa na Oração do Senhor. Assim, o conteúdo oracional do Pai-Nosso (*lex orandi*) não é mais que a mensagem da fé da comunidade cristã (*lex credendi*), para que, desse modo, toda a vida cristã pessoal e comunitária seja revestida prazerosamente da identidade e da existência cristã (*lex vivendi*).

---

[2] A *mnemotécnica* é uma técnica de estimulação da memória. O nome vem da titânide grega da memória: *Mnemosine* (filha de Urano e Gaia). Apesar das suas raízes gregas, é de uso moderno, com origem no século XIX, onde se tornou sinônimo do termo "ars memoriae" = arte da memória.

[3] Cf. MAYER. *Tefilá*. A oração por excelência. *Revista de Liturgia* 192, p. 14-16, nov./dez. 2005.

PAI-NOSSO, A ORAÇÃO DO ABBÁ

Em grandes traços, descreveremos a importância do Pai-Nosso na evolução psicopedagógica dos catequizandos.

Momento familiar: deve-se reconhecer que a vida de oração tem uma importância especial na vida das crianças; de fato, é uma maneira particular de nutrir sua vida batismal e de se preparar, ao mesmo tempo, à futura participação ativa na Eucaristia, que é a forma mais elevada e completa de oração,[4] "cuja eficácia nenhuma outra oração da Igreja iguala" (SC 7; DDv 37). Nesse processo, o Pai-Nosso integra e promove o amadurecimento infantil em *dois elementos fundamentais*: a *filiação* e a *fraternidade*. Pois, o futuro das pessoas, da comunidade humana e da comunidade eclesial depende, em grande parte, da convivência familiar (seja como for constituída), da célula fundamental da sociedade (cf. DpCat 226). Ambas as realidades, antes de serem completamente compreendidas, serão vividas e assumidas subjetivamente no âmbito familiar. Essas dimensões podem ser bem aproveitadas na convivência familiar a partir do Pai-Nosso, especialmente quando fazem parte da vida expressivamente amorosa e carinhosa dos pais, no espaço humanizador do lar. Todo o entrelaçado de relações interpessoais que se vão tecendo na família é a primeira e, talvez, a mais estruturante catequese do Pai-Nosso. Sem dúvida, sempre há de ficar claro que as famílias cristãs são as primeiras a catequizar seus filhos e filhas.[5]

Infância/adolescência: idade importante na formação da consciência, na descoberta de seus próprios limites e falhas. O catequizando adolescente necessita *sentir-se amado com um amor fiel e sincero* por aqueles que o rodeiam, mas também precisa experimentar

---

[4] Cf. ACOFOREC. *O potencial religioso da criança*, p. 141.

[5] Sobre o tema, é muito bom estudar com calma os nn. 226-231 do *Diretório para a Catequese*; Guillermo D. MICHELETTI. *10 conselhos singelos para educar os filhos na vida cristã. Geramos nossos filhos, e agora?* São Paulo: Ave-Maria, 2019.

esse amor por parte do Papai de Jesus, ou seja, daquele que o ama infinitamente e está disposto a ajudá-lo com sua bondade e compaixão. Começará a entender que ele propõe aos seres humanos que, para viverem felizes, devem se relacionar com os outros: amigos, natureza, animaizinhos, com carinho fraterno, promovendo vida em comunidade e olhando, particularmente, para os mais pobres.[6] O processo catequético, nesse período da vida, desenvolverá aptidões e capacidades, como, por exemplo, o sentido da confiança, da gratuidade, do dom de si para o bem dos outros, da invocação dos santos e santas como testemunho de vida cristã, da participação das primeiras experiências em grupo, especialmente para iniciar as crianças na vida de oração litúrgica e bíblica.

Nesse tempo, começa a se desenvolver – na psicopedagogia infantil – o processo de relações interpessoais com a família e no âmbito escolar. Aqui a catequese sobre o Pai-Nosso assumirá progressivamente, em seus objetivos e métodos, aspectos que ajudem as crianças a perceber criticamente o sentido da própria experiência; de "saber-se filho(a) e irmão(ã)": filhos e filhas amados do Pai e irmãos e irmãs de Jesus.

Tempo valioso para buscar, além da memorização do Pai-Nosso, o favorecimento do contato direto com o texto bíblico sobre a Oração do Senhor, nas versões de Lucas e Mateus, incentivando os catequizandos a estruturarem breves e concisas reflexões que brotem da mesma oração cristã.

Juventude: o jovem vai aprendendo a se questionar e a acolher o que lhe é apresentado tanto na vida quanto nos aspectos da fé. Com respeito à catequese do Pai-Nosso, essa reflexão deve partir do próprio texto e colocar oportunas questões que sirvam para o seu aprofundamento.

---

[6] Cf. ACOFOREC. *O potencial religioso da criança*, p. 76.

As respostas a esses questionamentos lhe permitirão ir aprofundando a compreensão da iniciação à fé, realizada na etapa da infância, até culminar na compreensão do Pai-Nosso. O conhecimento de Deus, revelado por Jesus, deve fazer amadurecer no jovem uma atitude de confiança filial, para que cresça no amor filial, cultivando a capacidade de perdoar e de se abrir generosamente aos irmãos e irmãs mais fragilizados, com a consciência de que eles são nossos irmãos e irmãs, "os privilegiados do Reino", a quem devemos cuidar com carinho e respeito.

Essa atitude humanizadora que o Pai-Nosso promove suscitará expressões celebrativas catequeticamente criativas e iluminadoras de novos compromissos, para fazer acontecer o Reino de Jesus nos corações.

Enfim, o Pai-Nosso vivido e rezado em família, aprendido na infância e compreendido na juventude em todas as suas dimensões, termina por ser encarnado no cristão adulto em nível pessoal e comunitário (liturgia).

Adultos: a catequese de adultos deve promover uma verdadeira catequese, renovada e atualizada, em sintonia com os desafios do mundo atual. Os adultos querem assumir conscientemente a fé e desejam vivê-la como resposta à proposta discipular de Jesus, que dá sentido às suas vidas. Assim, o adulto encontra no Pai-Nosso uma expressão de vida que ama o Papai de Jesus. Essa oração deverá ajudar o adulto a uma *contínua revisão de vida*; entrar em comunhão com o Pai de Jesus para que ilumine toda a sua vida pessoal, junto da realidade social, comunitária e familiar. O Pai-Nosso lhe ajudará a rezar com esperança, sem alienação, porque aprenderá a ter discernimento e a não manter uma atitude ingênua.[7] Por isso,

---

[7] Cf. Eduardo CALANDRO; Jordélio Siles LEDO. *Psicopedagogia catequética. Reflexões e vivências para a catequese conforme as idades*. São Paulo: Paulus, 2011. v. 3 – Adultos, p. 112-113.

o processo catequético deve oferecer ao adulto algumas temáticas abrangentes, com o intuito não apenas de "integrar a Igreja", mas para "fazer Igreja". Portanto, alguns conteúdos temáticos significativos, essenciais e conducentes à maturidade, são: 1. Oração e aprofundado conhecimento da vida de Jesus; 2. A santificação de toda a sua vida como louvor e abertura ao Papai de Jesus; 3. Aprender a corresponder à proposta de vida cristã; 4. A preocupação do pão para todos a cada dia: pão material e pão eucarístico como centro da vida fraterna. Aprender e cultivar a participação ao único pão que é Cristo, para ser uma só coisa com ele e uma só coisa entre os irmãos e irmãs. Pois Cristo é o Unigênito do Pai, o primogênito de muitos irmãos. A Eucaristia fundamenta a particular ligação filial entre os irmãos e irmãs que amam e seguem Jesus Cristo, Filho amado do Pai;[8] 5. A capacidade de perdoar para superar as feridas; 6. Aprender sobre as lutas e desafios para não se afastar, por medo, do caminho humanizador de Jesus.

Enquanto o adulto vai amadurecendo a espiritualidade do Pai-Nosso, tanto pessoal como fazendo parte de uma comunidade, deve permitir que do seu coração brotem algumas questões: o que rezamos? O que quer dizer Jesus? Como interpretamos a vontade do Pai à luz do Pai-Nosso? O que muda em nossa vida?

Para que o itinerário catequético sobre o Pai-Nosso seja assumido e aprofundado pelos catequizandos de todas as idades, convém aproximar-se a todo momento da Palavra de Deus, dos documentos do Concílio, do Ensino Social da Igreja e do Catecismo da Igreja, sempre, claro, sem descuidar de uma esmerada atualização teológica.

---

[8] Cf. Cettina MILITELLO. *Fraternità e Sororità. Sfida per la Chiesa e la Liturgia*. Assis: Cittadella Editrice, 2021. p. 133.

O PAI-NOSSO NO ITINERÁRIO DA IVC, SEGUNDO O RICA

O cristão, a partir da recepção do Credo e de sua recitação diante da comunidade, diz claramente qual é, desde agora, o fundamento de sua vida... Assim como a entrega do Pai-Nosso... faz de cada cristão um filho que tem a audácia, a ousadia de falar com Deus do mesmo modo como Jesus falava, e deve fazer do Pai-Nosso a oração do Reino, o ideal de sua vida (CASTELLANO. *La Iniciación Cristiana y el camino espiritual*).

O RICA é a sigla que designa o *Ritual de Iniciação Cristã de Adultos*.[9] Ritual promulgado em 6 de janeiro de 1972, inspirado no processo catequético dos primeiros cinco séculos do Cristianismo. Nasceu da feliz iniciativa do Concílio Vaticano II, precedido de inúmeras pesquisas e sugestões surgidas do movimento catequético do século XIX. Esse ritual, de natureza litúrgica, traz diretrizes gerais tanto para o catecumenato de adultos não batizados como para as crianças em idade de catequese. Na verdade, o processo catecumenal proposto pelo RICA é a *fonte de inspiração para toda a catequese*. Assim, ele poderia chamar-se *Ritual do Catecumenato distribuído por etapas*. É um livro litúrgico composto de ritos; contudo, oferece também orientações para o itinerário catequético do catecumenato, completando os ritos do Batismo e a IVC de adultos. Toda e qualquer catequese precisa se inspirar num processo de iniciação de inspiração *catecumenal*. Por isso, o RICA não é um mero ritual de Batismo, mas a resposta adequada a toda IVC, tal

---

[9] RITUAL DE INICIAÇÃO CRISTÃ DE ADULTOS. São Paulo: Paulus, 2001 (traduzido e aprovado pela CNBB em 14 dez. 1973).

como se dá a entender na *introdução ao Rito de Iniciação Cristã de Adultos* (p. 17), pois a IVC é a primeira participação sacramental na cruz e ressurreição de Cristo (RICA 8).[10]

O Pai-Nosso é a síntese da iniciação cristã. Por isso, desde a antiguidade, a Oração do Senhor sempre foi a oração característica dos que recebiam, no Batismo, a adoção filial no Filho amado do Pai. Porque a IVC foi a porta de acesso ao conhecimento e à prática oracional do Pai-Nosso na vida litúrgica das comunidades.

Os primeiros itinerários de iniciação assinalam que, imediatamente depois da *unção pós-batismal* e, portanto, antes da comunhão eucarística, o batizado ("o fotósmates" = iluminado por Cristo) rezava de pé a oração que o Senhor ensinou. De fato, na IVC, todos os ritos do Batismo indicam a oração do Pai-Nosso como preparação à comunhão eucarística.

Agora, segundo o que prescreve o RICA, o Pai-Nosso será recitado pelos *neófitos* ("brotinhos" de cristão), com os outros batizados, na primeira Eucaristia de que participarem. O momento oportuno poderá ser escolhido segundo a evolução da catequese, de forma que coincida com o aprofundamento da vida de oração dos catecúmenos (RICA 188). Como celebração de transição, poderá assinalar o término ou o começo do aprofundamento da vida de oração e, particularmente, da Oração do Senhor (RICA 181). Segundo o que a ocasião pode sugerir, esse rito será transferido para os ritos preparatórios no sábado santo (RICA 189).[11]

---

[10] Cf. Guillermo MICHELETTI. *Minidicionário da Iniciação à Vida Cristã. Conceitos fundamentais para catequistas.* São Paulo: Ave-Maria, 2017. p. 152-156.

[11] Cf. Guillermo MICHELETTI. *Minidicionário da Iniciação à Vida Cristã. Conceitos*, p. 114; Antonio Francisco LELO. *A iniciação cristã. Catecumenato, dinâmica sacramental e testemunho.* São Paulo: Paulinas, 2005. p. 88-90.

PAI-NOSSO, A ORAÇÃO DO ABBÁ

Pelo que parece, foi Santo Agostinho a falar pela primeira vez de uma "traditio orationis" (entrega do Pai-Nosso) aos catecúmenos (chamados "competentes"), no quinto domingo da Quaresma. Essa *traditio* era acompanhada de uma detalhada catequese sobre as partes que compõem a Oração do Senhor. A seguir, oito dias depois, acontecia a "reditio" (retorno/devolução), e, se supõe, que fosse uma recitação do Pai-Nosso feita de cor.[12] Esses ritos batismais de "estilo agostiniano", em torno ao Pai-Nosso, foram acolhidos e desenvolvidos com sucesso em toda a Igreja de Roma, a partir da era "dos *Sacramentários*" (*Liver Sacramentarium*).[13]

Segundo o testemunho de alguns escritos, a aplicação litúrgica do Pai-Nosso nas celebrações eucarísticas provém da genial iniciativa de Cirilo de Jerusalém (†387). No Ocidente, Santo Ambrósio, bispo de Milão (†397) aparece como o primeiro padre a falar de um recurso cotidiano ao Pai-Nosso. O bispo milanês reservava considerável espaço às *catequeses mistagógicas sobre os sacramentos*, especialmente um aprimorado comentário ao Pai-Nosso. Deve-se observar, contudo, que na celebração eucarística ambrosiana não existia um "amém" ao término da Oração Eucarística, porque ela continuava com o Pai-Nosso: a resposta "amém" tinha lugar somente depois do Pai-Nosso, porque este fazia parte de um conjunto único, um todo incorporado à prece eucarística.

No que diz respeito à ação do *ministro (presidente) do rito* do Pai-Nosso, desde os primeiros tempos, ela foi diversificada: na Igreja

---

[12] Cf. Emiliano J. HERNÁNDEZ. *Pai Nosso. Fé, oração e vida (catecumenal)*. São Paulo: Cultor de Livros, 2016. p. 10-11.

[13] As orações litúrgicas foram se recopilando em pequenos fascículos (*libelli sacramentorum*), os quais, logo, reunidos num volume, formaram o "Sacramentarium" (Burkhard NEUNHEUSER. *História da liturgia através das épocas culturais*. São Paulo: Loyola, 2007. p. 102).

da África e de Roma, nos tempos do Papa Gregório Magno, a oração dominical era recitada em "voz alta apenas pelos presbíteros": depois do pedido "o pão nosso de cada dia", todos respondiam "mas, livrai-nos do mal". Por volta do século IX, o presbítero passou a concluir tudo em voz baixa, com um "amém". Nas Igrejas do Oriente e da Gália, o Pai-Nosso era recitado por toda a assembleia; na Igreja da Espanha, era só *presidencial*, intervindo a assembleia com um "amém" em cada uma das partes. Em todas as situações, o Pai-Nosso se concluía com o "amém".

Será na reforma litúrgica conciliar que o Pai-Nosso se "tornará determinadamente a oração de toda a assembleia", recuperando, assim, a sua antiga doxologia, embora separada dela pelo tradicional embolismo, perdendo o seu "amém" conclusivo, para melhor se adequar à antiga tradição romana.[14]

O momento da "entrega do Pai-Nosso"[15] como "oração por excelência" da comunidade reunida para celebrar, na Eucaristia, os dons que o Pai, por Jesus, derrama, não é apenas um ato *formal*, ou simplesmente um ato a mais de passagem. A entrega do Pai-Nosso, por parte da comunidade, ao catecúmeno *quer significar um momento muito especial*; pois, essa entrega é como a "chave interpretativa (hermenêutica)" para fazer daquela preciosa oração uma declaração pela qual fica fortemente manifesta a nossa "filiação ao

---

[14] Cf. Jerônimo PEREIRA. O rito do Pai-Nosso no Ofício Divino das Comunidades. *Revista de Liturgia* 285, p. 18-19, maio/jun. 2021.

[15] A passagem de uma fase da catequese para outra é marcada por *ritos* (RICA 105), que podem ser chamados de *ritos* ou *celebração de passagem*. Dois ritos estão sugeridos de forma significativa: a entrega do *Símbolo da fé* e a entrega da *Oração do Senhor* (RICA 188-199). Ambos exigem que os catequizandos manifestem "sinais de maturidade" (RICA 1215). As entregas representam a herança da fé, que é passada aos caminhantes (catequizandos) (cf. MICHELETTI. *Minidicionário da Iniciação à Vida Cristã*, p. 111-114).

Pai em Cristo" e, consequentemente, o "vínculo de união fraterna com a comunidade". Por isso, deve-se ensinar com muito carinho a pronunciar de modo expressivo: "Pai-Nosso"; pois, por ser "nosso" é "meu", de cada um, e não o contrário.

Observação catequética: a entrega da oração dominical faz de cada cristão um filho que declara a audácia de falar com o Pai amado de Jesus, com os mesmos sentimentos que Jesus manifestava. Portanto, *o catequizando fará do Pai-Nosso a sua oração e a oração do Reino*, como ideal de sua vida.[16] Assim sendo, não é por acaso que o Pai-Nosso é apontado como uma das "entregas" (*traditio*) fundamentais dentro do percurso catecumenal, reservando, para isso, um momento propício; tempo *não muito afastado* da entrega do *Creio* ou *Símbolo da fé* (*traditio symboli*).

No percurso iniciático do catecumenato, a entrega do Pai-Nosso é central e fundamental. Pois, o neófito deve "reconhecer-se" filho, capaz de abrir totalmente seu coração ao Pai. Se Jesus nos ensinou a rezar o Pai-Nosso, é porque desejava que nosso relacionamento de fé fosse tão marcante como aquele que acontece de verdade entre filho e pai. O Pai de Jesus e nosso tem sempre o coração dilatado para nós.[17]

No decorrer do processo de IVC com inspiração catecumenal, *confiam-se* (*entregam-se*) aos catequizandos os documentos que, considerados desde a antiguidade como o compêndio de sua fé e oração, visam a sua iluminação. Essa entrega evidencia o empenho e a responsabilidade que os candidatos devem assumir, a fim de que se sintam empenhados a viver a fundo o mistério de Jesus Cristo, particularmente no último período de sua preparação

---

[16] Cf. MICHELETTI. *Minidicionário da Iniciação à Vida Cristã*, p. 114.

[17] Cf. Andrea GRILLO. *Iniziazione. Una categoria vitale per i giovani e la fede.* Verona: Gabrielli Editori, 2017. p. 72-74.

(cf. RICA 25.2): são eles a entrega do *Símbolo da fé* (o Credo) e da *Oração do Senhor*.

A passagem de uma fase da catequese a outra é marcada por ritos (RICA 105) que podem ser chamados de "ritos ou celebrações de transição ou de passagem". Eles não estão detalhadamente estabelecidos no RICA (cf. 98 e 103). Seria oportuno que cada diocese pudesse criar e adaptar esses ritos, de acordo com a distribuição dos conteúdos. No entanto, *dois ritos* estão sugeridos expressivamente pelo RICA: a entrega do *Símbolo da fé* e a entrega da *Oração do Senhor*. O Rito da entrega do Símbolo da fé é semelhante àquele do Pai-Nosso. Ambos exigem que os catequizandos manifestem "sinais de maturidade", caso contrário – em se tratando de adultos –, podem ser convenientemente adiados (cf. RICA 125).

A entrega da Oração do Senhor (RICA 188-199) *se coloca depois do terceiro escrutínio*[18] *e antes do Batismo* (RICA 189). Evangelizados, convertidos e amadurecidos em sua fé, os eleitos estão agora *prontos para a regeneração*. Tal catequese centra-se, sobretudo, no fato da adoção, que permite ao batizado dizer: "Meu Pai! Meu Papaizinho!". A entrega significa que o catequizando interiorizou o que diz e o que significa essa oração para sua vida, então, agora, estará devidamente iniciado naquela filialidade adotiva em Cristo Jesus, sacramentalmente estabelecida no Batismo.

---

[18] Cf. A palavra latina "scrutinium" (de *scrutare* = procurar, pesquisar, investigar) significa realizar um exame atento, minucioso. No sentido que aqui tratamos, isto é, no processo da IVC, segundo o RICA, comporta o descobrimento do que houver de *imperfeito, fraco ou mau* no coração do catequizando, para curá-lo; o que houver de *bom, forte, santo*, para consolidá-lo (RICA 154-157). Trata-se dos ritos de discernimento com relação ao progresso do catequizando e da sua purificação interior (RICA 25, 152-153; 157-159) (MICHELETTI. *Minidicionário da Iniciação à Vida Cristã*, p. 115).

PAI-NOSSO, A ORAÇÃO DO ABBÁ

As *Entregas* representam a herança da fé que é passada aos caminhantes. Outros rituais acompanham o processo, por exemplo, unções, exorcismos. Desde a antiguidade, o Pai-Nosso sempre foi a oração característica dos que recebem no Batismo o espírito de adoção de filhos e filhas em Cristo. É rezado pelos neófitos, com os outros batizados, na primeira Eucaristia de que participarem. De fato, a entrega dessa oração faz de cada cristão um filho que deseja manifestar com palavras seu amor ao Pai e aos irmãos, como o fazia Jesus; fazendo do Pai-Nosso a oração do Reino, o ideal de sua vida.

O Pai-Nosso é a oração fundamental que a Igreja recebe do Senhor e transmite aos catecúmenos, convidando-os a meditarem e refletirem sobre cada um dos seus *sete pedidos*. Mais ainda, mostra-lhes que, para rezar, não devem munir-se de muitas palavras, basta um coração simples, humilde e agradecido (Lucas 6,12; Mateus 14,23). Acolhendo essa oração, os catecúmenos encontram a expressão fiel da fé cristã, que conduz à comunhão com Deus, descoberto como Papai de Jesus, para conformar-se sempre mais com ele, cumprindo seu mandamento: "O que eu vos mando é que vos ameis uns aos outros" (João 15,16-17).[19] Para isso, é preciso silenciar a vida e o coração para escutar a Deus. Oração é – como diz o Papa Francisco – um diálogo amoroso e confiante com Deus, e, por isso, o Pai-Nosso se apresenta como a mais perfeita das orações, pois ordena nossos pedidos, bem como o que devemos pedir.[20]

(Sugerimos a leitura do Anexo 4.)

---

[19] Cf. CIC, n. 2745; ORÍGENES. *De Oratione* – PG 11,452.

[20] Cf. LELO. *A iniciação cristã*, p. 90; Thiago Faccini PARO. *As celebrações do RICA. Conhecer para bem celebrar*. Petrópolis: Vozes, 2017. p. 36-38.

Guillermo D. Micheletti

A IMPORTÂNCIA DO PAI-NOSSO NA CELEBRAÇÃO EUCARÍSTICA

> É preciso coragem para rezar o *Pai-Nosso*. É preciso coragem. Recomendo: comece a dizer "Papai" e a crer que Deus verdadeiramente é o Pai que me acompanha, que me perdoa, que me dá o pão, está atento a tudo o que peço, reveste-me com roupas ainda mais belas do que aquelas das flores do campo. Crer é também um grande risco: e se não fosse verdade? Ousar, ousar, mas todos juntos. Por isso é tão bonito rezar juntos: porque não nos ajudamos mutuamente a ousar? (Papa Francisco. *Pai-Nosso*).

A liturgia envolve os cristãos de modo a tomarem consciência de que, celebrando, *não são eles a rezar*, senão *Jesus que reza neles e com eles*. É o Corpo de Cristo: *Cristo-Igreja*, o sujeito que age na liturgia, como assembleia orante e celebrante, unida a *Cristo-Cabeça* para realizar uma sinergia celebrativa agradável ao Pai. É Jesus que celebra em nossos/meus lábios e com nosso/meu coração; tornando-nos – por assim dizer – ossos dos seus ossos, carne de sua carne. Por isso, Paulo nos lembra: "De fato, vós não recebestes espírito de escravos, para recairdes no medo, mas recebestes o Espírito por, por adoção, vos tornar filhos, e no qual clamamos: *"Abbá*, Pai!" (Romanos 8,14; Gálatas 4,6).[21]

No rito romano, a passagem da liturgia do memorial (*anáfora*) à comunhão eucarística é aberta pela recitação (ou canto) do Pai-Nosso. Inovação que foi introduzida por Gregório Magno, dizendo que, depois da *oratio oblationis* (oração de oblação = cânon

---

[21] Cf. MARTÍN-MORENO. *La Biblia, escuela de oración*, p. 223; Papa FRANCISCO. *Desiderio Desideravi* 14-15. São Paulo: Paulinas, 2022. p. 21-22.

eucarístico), não se devem acrescentar orações que sejam produto do engenho humano, mas singularmente a própria Oração do Senhor.[22] O Pai-Nosso se liga, assim, à Oração eucarística, da qual – segundo Jungmann – é de certo modo o resumo. (...) No pedido pela santificação do nome de Deus, há uma referência ao tríplice santo; no "venha a nós o vosso Reino", uma retomada de ambas as epicleses; no "seja feita a vossa vontade", a atitude básica de todo sacrifício, que é a obediência. Nada melhor que o Pai-Nosso para expressar a atitude com que o próprio Senhor Jesus ofereceu sua vida e que a nós cabe imitar.[23]

Bem depressa, o Pai-Nosso de Mateus foi introduzido na vida litúrgica das comunidades. A *Didaquê*, o mais antigo manual de prática cristã, escrita entre os anos 70-100, no capítulo VIII prescreve que *se rezem três vezes ao dia o Pai-Nosso*, e reporta o seu texto litúrgico com a doxologia, "pois teu é o poder e a glória pelos séculos", sem o amém. A mesma doxologia encontra-se na terceira oração de ação de graças, depois da ceia.

Por causa da escassez documental, temos pouca informação sobre a estrutura litúrgica dos primeiros séculos. Por isso, qualquer argumentação sobre o uso do Pai-Nosso como oração pública e litúrgica nesse período, para além do quanto é indicado pela *Didaquê*, seria mera especulação. O uso estritamente litúrgico do Pai-Nosso se verifica documentadamente só após a segunda metade do século IV. No entanto, por volta de 230, Orígenes diz, já naquele tempo, que o melhor lugar para se rezar o Pai-Nosso *é a assembleia litúrgica*: "O lugar da oração, onde se reúnem os fiéis, tem provavelmente graça especial para nos ajudar, porque os anjos nos

---

[22] Gregório MAGNO. *Epistolarum liber* IX. *Epistola 12 ad Joannem*.
[23] Cf. JUNGMANN II, 337-338. In: GIRAUDO. *Num só corpo*.

acompanham na assembleia dos fiéis. Ali desce o poder de nosso Senhor e Salvador... Por conseguinte, quando se reúnem os santos, há uma dupla Igreja ou assembleia, a dos homens e a dos anjos".[24]

A história da liturgia ensina que o Pai-Nosso esteve sempre presente no coração dos cristãos. Atualmente, na ação litúrgica, o Pai-Nosso é introduzido pelo *Rito de comunhão* (*Missal Romano* 125) (nos elementos acrescentados como essenciais ao rito da fração do pão, o principal é a recitação do Pai-Nosso).[25] Justino e Hipólito de Roma nada falam do Pai-Nosso; no entanto, ele parece ter sido introduzido nas celebrações eucarísticas (e nas catequeses patrísticas) a partir do século IV. No Oriente, o Pai-Nosso foi recitado normalmente por todos os fiéis. Em Roma, até a atual reforma conciliar, teve caráter mais presidencial, colocado imediatamente após a anáfora (Oração eucarística).[26] No rito hispânico, segue-se o mesmo costume, mas com a intercalação de um "amém" respondido pelo povo a cada intenção. Santo Agostinho confirma esse costume (*et audiunt eam fideles*), e sabe-se que todos os fiéis, no momento de pedir que Deus perdoe-lhes os pecados, batiam no peito.[27] O que devemos saber é que, um dos motivos da inclusão do Pai-Nosso na liturgia é o caráter educativo dessa oração para a comunidade que se dispõe a participar do Corpo e Sangue de seu

---

[24] Cf. PEREIRA. *O rito do Pai-Nosso*, nota 7, p. 16.

[25] Cf. TABORDA. *O memorial da Páscoa do Senhor*, p. 132-135.

[26] Cf. Gregório MAGNO. *Epistolarum liber* IX – PL 77, 956-957. *Anáfora* provém do grego: *ana-fero* = *anaphora* (αναφορα), "elevação", "repetição", "ato de trazer de volta", "manter um recurso". É o nome antigo da *Oração eucarística* (em latim: *prex eucarística*); isto é, louvor de ação de graças elevado a Deus. Assim, por exemplo, a anáfora de Hipólito de Roma, no século III, é fonte da nossa Oração eucarística II. Esse nome continua sendo usado nas Igrejas orientais.

[27] Cf. ALDAZÁBAL. *A Eucaristia*, nota 107, p. 444.

Senhor.[28] Contudo, ao longo dos séculos, o Pai-Nosso foi colocado em diferentes lugares: Santo Ambrósio rezava o Pai-Nosso depois da comunhão eucarística; Tertuliano, rezava-o como encerramento da prece universal, seguido do abraço da paz, que ele chamava de "selo da oração".

As introduções ao *Rito da comunhão* visam a entrarmos em comunhão com Deus em Jesus Cristo e entre os membros da assembleia celebrante, para estarmos unidos *por* e *em* Cristo (*Por Cristo, com Cristo, em Cristo, a vós, Deus Pai todo-poderoso, na unidade do Espírito Santo, toda a honra e toda a glória agora e para sempre*).

Pois, na celebração eucarística, rezar o Pai-Nosso, exatamente antes de nos achegarmos à mesa (símbolo do banquete do Reino), representa o sinal profético de que desejamos assumir sua vida em nós. Rezar com as palavras que Jesus nos ensinou, antes de fração do pão, exprime nossa adesão à atitude fundamental de Jesus perante a história humana: solidariedade amorosa e fraternal. Sua relação com o Pai, portanto, exprime-se mediante sua entrega pelos irmãos e irmãs. Através de sua ação no mundo, o Pai presenteou-nos com o Reino e continua livrando-nos do mal (cf. *Jornal de Opinião* 946, p. 11).

Com isso, percebemos que o Pai-Nosso não é apenas uma oração que a assembleia reza unida e que se confunde entre os outros ritos. Nada disso, *ela é a primeira expressão de comunhão*. Dizer "Pai nosso" a uma só voz e num só coração implica a garantia de que formamos um só Corpo em Cristo, confirmando, entre nós, que guardamos com carinho a oração que o mesmo Senhor nos ensinou.

---

[28] Cf. ALDAZÁBAL. *A Eucaristia*, p. 443-446.

Essa oração nos une ao Filho único, que fez de nós também uma família de "filhos e filhas nele", como é celebrado no Batismo, agregando-nos aos outros membros dispersos pelo mundo inteiro, para sermos o único corpo que bebe do único Espírito.

Certamente, essa oração nos convida também a pedir o pão de todos os dias, que, como os Padres da Igreja destacam, está ligado à Eucaristia (João 6,48). Assim também pedimos o perdão, que, na insistência de Jesus, nos purifica e prepara para receber dignamente o corpo eucarístico de Cristo.

Mas, para além das palavras, o que importa é o "ato de comungar, entrar em comunhão", primeiro, com a Palavra, porque o Pai-Nosso é Palavra de Deus; depois, comunhão no Corpo eucarístico (sacramento eclesial). Esses dois momentos são – cada um a seu modo – sacramentos da presença "real" de Cristo. Por outra parte, pelas fórmulas empregadas na celebração eucarística, o Pai--Nosso se apresenta no plural: "Pai nosso", "o pão nosso", dá-nos hoje, "perdoa-nos as nossas dívidas"... Parece – ao menos catequeticamente – que o Pai-Nosso não é uma oração para ser rezada "individualmente", mas com os outros, quando a comunidade se encontra reunida: ele é o "nosso" Pai.[29]

Rezar o Pai-Nosso não como "meu Pai", senão "Pai nosso", impõe aos cristãos a imprescindível fraternidade. Caso contrário, os que o rezam se autoexcluiriam da família divina e nem poderiam continuar a chamar Deus de Pai. Santo Tomás de Aquino afirma que o efeito típico da Eucaristia é a unidade do Corpo de Cristo. O sentido da convivialidade acompanha a celebração: oração, cantos, apresentação dos dons, mesa primorosamente preparada. Para

---

[29] Cf. CONFÉRENCE DES ÉVÊQUES DE FRANCE. *La prière du Notre Père*, p. 15-18.

a Bíblia e para os povos orientais, o banquete convivial tem um sentido sagrado e misterioso.

Para evidenciar o sentido da fraternidade, o Rito da comunhão indica que, depois da recitação do Pai-Nosso, pode acontecer "o intercâmbio da paz" com um gesto singelo de abraço e acolhida. Infelizmente, muitos o interpretam como um simples gesto de gentil saudação. Mas o celebrante convida ao gesto da paz não de modo genérico, mas do mesmo jeito como ele o ofereceu aos fiéis: "A paz do Senhor esteja convosco"... Portanto, o abraço da paz não deveria ser ocasião de distrações; o que, por vezes, acontece. Não faltem as crianças correndo por toda a assembleia, procurando os amiguinhos para saudar... No momento da recitação do Pai-Nosso, os fiéis deveriam ter as mãos erguidas no alto, em sinal de respeitosa súplica. Os cristãos, cumprindo o gesto vertical em direção ao Senhor, podem, com maior confiança, cumprir o gesto horizontal para com os irmãos e irmãs. Não tenhamos vergonha de sorrir e oferecer nossa mão ao vizinho anônimo, que nada tem a nos perdoar nem a pedir perdão. Muito expressivo seria esse gesto realizado com aquelas pessoas que falam mal de mim ou com as quais não tenho "suficiente" afinidade. Esse é verdadeiramente um gesto cristão de paz e reconciliação, que obedece ao mandato de Jesus (cf. João 20,22-23).[30]

No Rito de comunhão, a oração do Pai-Nosso prepara adequadamente, junto dos gestos de paz e da fração do pão, para a comunhão eucarística. Nada melhor que o Pai-Nosso para expressar a atitude com o que o próprio Senhor ofereceu seu sacrifício e que cabe a nós imitar.

---

[30] Cf. Nardo MASETTI. *A messa perché, a messa come*. Bolonha: EDB, 2020. p. 52-54.

Atualmente, o Pai-Nosso está demarcado, por um lado, de um convite presidencial para todos rezarem (IGMR 125), e, por outro, de uma intercalação que comenta a última das petições e pede que o Senhor nos livre de todos os males e nos conceda a paz e a superação de todas as dificuldades (cf. IGMR 126). O povo deve estar atento para não concluir o Pai-Nosso com um "amém", proferido de modo quase que "automático"; pois, como se percebe, essa oração é continuada com outra expressão oracional (IGMR 127). Observe-se que o Pai-Nosso está *enxertado* (embolismo) num corpo oracional.

Por que o Pai-Nosso foi incluído como preparação à comunhão? Esse gesto, ocorrido ao longo do tempo, não possui "clara explicação". Podemos estabelecer algumas pistas:

a) Porque o Pai-Nosso tem muita sintonia com a dinâmica da Oração eucarística; ela é ceia e banquete de agradecimento.

b) *O Pai-Nosso é e sempre foi uma oração da comunhão.* De acordo com uma antiquíssima interpretação, dá-se ao "pão nosso de cada dia" um forte sentido eucarístico. Tanto é assim que, quando é distribuída a comunhão nas celebrações de iniciação catequética e quando se leva a sagrada comunhão aos enfermos, é a Oração do Senhor que prepara esses momentos.[31]

c) *O Pai-Nosso faz alusão ao pão nosso de cada dia,* cujo apoio litúrgico está na *Eucaristia*: nessa oração, pede-se "o pão cotidiano" ou "o pão suficiente para cada dia", que lembra aos cristãos o pão eucarístico,[32] para que aprendamos a agradecer o pão de todos os dias e para que seja possível desarraigar de nosso coração a

---

[31] Cf. Cipriano de CARTAGO. *De oratione Dominica* 18 – PL 4,531-532.

[32] Mesmo que a Igreja "não obrigue à Eucaristia diária", pois, ela apenas a recomenda, enquanto possível. O que se recomenda vivamente é celebrar todos os dias a *Liturgia das Horas* ou Ofício divino das comunidades; pois este ofício pode levantar o nível da oração do nosso povo (Clemente ISNARD) (cf.

cobiça, de forma a questionarmos o sistema econômico iníquo que suportamos. Por isso, pedimos com Santo Ambrósio: o pão "que sustente toda a minha vida" (*De Sacramentis* V, 4,24).

d) *Manifesta também uma atitude penitencial.* Que sejamos purificados e reconciliados de nossas ofensas. Isto é, antes de aproximar-nos da Eucaristia, peçamos que o Senhor perdoe as nossas ofensas; pois sabemos que Jesus, na Eucaristia, deseja perdoar nossas misérias. Isso se completa com o desejo de fraternidade e de perdão mútuo, porque vamos nos aproximar, "como um só corpo", da mesa do Senhor, caminhando processionalmente como irmãos e irmãs.[33]

e) *Finalmente, um sentido escatológico.* Pois, celebra-se a Eucaristia em *tensão de espera, até que venha o Reino definitivo.* O pão eucarístico é pão para o caminho e para a peregrinação (*panis viatorum*), penhor da vida futura, como diz a glosa que segue após o Pai-Nosso: "enquanto, vivendo na esperança, aguardamos a vinda do Cristo Salvador" (cf. TITO 2,13). Isto é, entrarmos no encontro definitivo com ele.

DIRETÓRIO DA LITURGIA, p. 12; OFÍCIO DIVINO DAS COMUNIDADES. São Paulo: Paulus, 1994).

[33] É pouco conhecido do povo cristão o poder que a Eucaristia tem de perdoar os pecados. Essa realidade permanece ausente em nossas formações sobre os sacramentos. Mas isso responde à grande Tradição cristã: Tomás de Aquino já afirmava que *a Eucaristia tem o poder de perdoar qualquer pecado*, pois contém a fonte e a causa da reconciliação, o próprio sacrifício de Cristo (*Suma Teológica* III, q.79, a.3), e o Concílio de Trento insiste que, a contrição e o espírito de penitência são condições para o fiel aproximar-se dignamente da Eucaristia, pois o Senhor perdoa os pecados na Eucaristia (DENZINGER; HÜNERMANN, 1743). Pena que esse caminho de misericórdia seja pouco conhecido e divulgado (cf. Francisco TABORDA. Penitência cotidiana. Uma verdade a ser recordada. *REB* 302, p. 420-423, abr./jun., 2016; Luiz FELIPE. Eucaristia generosa resposta da misericórdia. *Revista de Liturgia* 258, p. 21-23, nov./dez. 2016).

Já na *Didaquê* aparece essa oração final ou embolismo, após o Pai-Nosso que surge em alguns códices de Mateus (1 Crônicas 29,10-11).

Respeitando o espírito da oração hebraica, uma oração não pode acabar de modo "negativo": "livrai-nos do mal". Optou-se, então, por introduzir, no melhor estilo da *berakáh* judaica, uma oração de louvor com estilo escatológico.

Seja como for, percebemos o sentido educativo dessa introdução para que a comunidade se disponha a participar da comensalidade do Corpo e Sangue do Senhor de maneira mais fraterna e eclesial.[34]

Jesus não se reserva a exclusividade de chamar a Deus de Papai; ele faz ressoar como um grito jubiloso: "Sim, Papai". E nos convida para que, exultantes, unamos nossas vozes a seu júbilo e nos juntemos "a uma só voz a fazer o mesmo". Por isso, desde os primeiros tempos, na celebração eucarística, a oração do Pai-Nosso sempre foi rezada com muito respeito e devoção: "Obedientes à Palavra do Salvador e formados por seu divino ensinamento, ousamos dizer"; ou, por exemplo, na Eucaristia oriental: "Digna-te, Senhor, conceder-nos que, gozosos e sem temeridade, nos atrevamos a invocar-te como Pai".

O Pai-Nosso condensa a oração cristã, pois traz os pedidos essenciais que os filhos de Deus devem dirigir ao Pai. O embolismo: "livrai-nos, Senhor" desenvolve o último pedido ("Livrai-nos do mal"); a recuperação da antiga doxologia: "Vosso é o poder...", que já se encontra em manuscritos do NT, foi um ganho da reforma litúrgica e tem sentido ecumênico, já que as Igrejas provenientes da Reforma do século XVI em geral recitam o Pai-Nosso junto à doxologia. Maior ganho ainda se teria obtido, se tivesse sido omitido o embolismo.[35]

---

[34] Cf. ALDAZÁBAL. *A Eucaristia*, p. 443-446.
[35] Cf. Francisco TABORDA. *Fazei isto em meu memorial. A Eucaristia como sacramento de unidade*. In: CNBB. *A Eucaristia na vida da Igreja*. Brasília: CNBB, 2015. p. 88 (Estudos da CNBB 89).

O Pai-Nosso sempre será Boa notícia, programa cheio de vida para a comunidade cristã reunida e para cada cristão em particular, impetração confiante e, não por último, louvor de Deus na voz do Filho e na força do Espírito Santo. É exatamente por isso que nós o proclamamos alegremente na celebração da Eucaristia.[36]

Com efeito, o que se pede no Pai-Nosso é prolongado pela oração do presidente, que, em nome de todos, suplica: "Livrai-nos de todos os males, ó Pai, dai-nos hoje a vossa paz...". E, depois, esse pedido recebe uma espécie de selo no rito da paz: em primeiro lugar, invoca-se, de Cristo, que o dom da sua paz (cf. João 14,27) – tão diferente da paz do mundo – faça crescer a Igreja na unidade, na paz, segundo a sua vontade; portanto, com o afeto concreto trocado entre nós, expressamos a comunhão eclesial e o amor recíproco, antes de recebermos o sacramento (IGMR 82; 1 Coríntios 10,16-17; 11,29).

A paz de Cristo não pode enraizar-se num coração incapaz de viver a fraternidade e de repará-la, depois de tê-la ferido. Assim, o gesto da paz é seguido pela *fração do pão*, que, desde o tempo apostólico, caracterizou toda a celebração eucarística (cf. IGMR 83), cumprida por Jesus durante a última Ceia. Partir o pão é o gesto que permitiu aos discípulos reconhecer Jesus depois de sua ressurreição. Recordemos os discípulos de Emaús, os quais, falando do encontro com o Ressuscitado, narram como o tinham "reconhecido ao partir o pão" (Lucas 24,30-31.35).

A fração do pão eucarístico é acompanhada – como convite à comunhão – pela invocação do "Cordeiro de Deus".[37] É a figura com a qual João Batista indicou Jesus como aquele que carrega o

---

[36] Cf. HÄRING. *Comentário ao Pai-Nosso*, p. 108.
[37] Essa breve ladainha foi introduzida pelo Papa Sérgio (687-701), de origem síria. O uso oriental de chamar o pão destinado à Eucaristia de "cordeiro"

pecado do mundo (João 1,29), com sensível coloração escatológica: somos convidados ao banquete das bodas do Cordeiro – de que fala o *Apocalipse* –, já desde agora, na garantia que a celebração eucarística oferece. A imagem bíblica do Cordeiro fala da redenção (1 Pedro 1,19; Apocalipse 7,14). No pão eucarístico, partido pela vida do mundo, a assembleia orante reconhece o verdadeiro Cordeiro de Deus, ou seja, Cristo misericordioso Redentor, o Cordeiro triunfante da consumação do mundo, que abre o livro do destino da humanidade, para que fique manifesto que "entre o Cordeiro de Deus e a miséria da humanidade pecadora não existe abismo insondável que a misericórdia divina não possa colmar" (François MAURIAC). Isso nos faz olhar esperançosos para a referência simbólica do sofrimento até a ressurreição do Senhor que acabou de realizar-se na fração do pão e na união do Corpo e Sangue.[38]

É oportuno observar que a ladainha: "Cordeiro de Deus...", em modo iterativo, deve durar tanto quanto a fração do pão, sendo diminuída ou prolongada conforme a necessidade ritual. O costume "padronizou" a repetição apenas por "três vezes", mas é bom que, em algumas ocasiões – como aconselha a IGMR –, prolonguemos essa forma de litania.[39]

---

terá colaborado para a escolha desse título cristológico para esse momento da celebração (TABORDA. *O memorial da Páscoa do Senhor*, p. 130-131).

[38] JUNGMANN II, p. 4510-411; Gianfranco RAVASI. *Según las Escrituras. Doble comentário a las lecturas del domingo* – Año C. Colômbia: San Pablo, 2006. p. 83.

[39] "Cordeiro de Deus...", essas palavras podem ser repetidas várias vezes, se a fração do pão se prolongar. Contudo, na última vez se diz: "dai-nos a paz" (IGMR 130). Ainda, para acompanhar o rito da fração do pão, *pode-se repetir a invocação* "Cordeiro de Deus" quantas vezes for necessário, terminando-se sempre com as palavras "dai-nos a paz" (Estrutura, elementos e partes da missa – IGMR 56e).

Pois, *tende piedade de nós,... dai-nos a paz,* são invocações que, da oração do Pai-Nosso à fração do pão, nos ajudam a predispor o coração a participar no banquete eucarístico, fonte de comunhão e de paz com Deus e com os irmãos e irmãs.

SIMPLES FÓRMULAS PARA INTRODUZIR O PAI-NOSSO

O Rito da comunhão é introduzido pelo presidente da celebração, que solicita à comunidade que o reze com carinho e respeito. Para isso, o *Missal* oferece várias fórmulas, no entanto, a primeira, de origem latina, é a mais divulgada e conhecida; a mais recomendável, porque responde melhor ao gênero de comunicação que consiste numa *exortação,* e não em uma *explicação catequética* (IGMR 31). A primeira fórmula provém do *Missal* tridentino de Pio V, em que, quem preside em nome da comunidade, expressa que somos indignos de chamar a Deus de Pai ("ousamos dizer..."), mas que nos atrevemos porque Jesus assim nos ensinou. O verbo "ousar" (atrever-se; tentar uma coisa difícil ou comprometedora), no contexto do Pai-Nosso, é comum nas liturgias orientais (encontra-se com frequência nos Padres da Igreja). A reverência devida a essa oração está no contexto da disciplina do arcano (rito escondido): ela não era dita na frente de pagãos; inclusive os catecúmenos a recebiam só pouco antes do Batismo, em que se tornariam filhos no Filho.[40]

Na celebração eucarística, antes de comungarmos o pão e o vinho eucaristizados, rezamos juntos a oração de Jesus, dizendo: *Pai nosso...* Trata-se de um momento importante e significativo. Não é uma mera devoção que murmuramos antes de dirigir-nos ao

---

[40] Cf. TABORDA. *O memorial da Páscoa do Senhor,* p. 134.

altar, senão um dos atos fundamentais do drama de toda a liturgia. Porque rezamos a oração de Jesus, o Espírito Santo está em nós e atua em nós. Afirmamos que, nesse ato de culto, o Espírito Santo mesmo pronuncia as palavras de Jesus em nós, ao orarmos "*Abbá*, Pai", com a mesma intensidade orante de Jesus.

Ao mesmo tempo, reconhecemos e proclamamos que a transformação que se produz na sagrada Eucaristia é obra do Espírito Santo. Invocamos o dom do Espírito sobre nós e sobre os dons do pão e do vinho; dizendo: "Aqui estamos, em companhia de Jesus. Pai, envia teu Espírito Santo para que, quando estas pessoas compartilharem estas coisas, fiquem completamente cheias da vida de Jesus".[41]

São expressivas as fórmulas introdutórias ao Pai-Nosso que o *Missal Romano* (125) e a *Liturgia das Horas* propõem.[42] Na tradução brasileira, oferecem-se várias opções:

- E agora digamos juntos a oração que o Cristo Senhor nos ensinou: *Pai nosso...*
- Nossa prece prossigamos, implorando a vinda do Reino de Deus: *Pai nosso...*
- Recolhamos agora nossos louvores e pedidos com as mesmas palavras do próprio Cristo: *Pai nosso...*
- Mais uma vez louvemos a Deus e roguemos com as mesmas palavras de Cristo: *Pai nosso...*
- Confirmemos agora nossos louvores e pedidos pela oração do Senhor: *Pai nosso...*

---

[41] Cf. Rowan WILLIAMS. *Ser Cristiano. Bautismo – Biblia – Eucaristía – Oración*. Salamanca: Sígueme, 2018. p. 86-87.

[42] LITURGIA DAS HORAS: Apêndice III – *Fórmulas facultativas introdutórias ao Pai-Nosso*, v. I, p. 1448.

PAI-NOSSO, A ORAÇÃO DO ABBÁ

- Lembrai-vos de nós, Senhor, quando vierdes em vosso Reino e ensinai-nos a dizer: *Pai nosso...*
- E agora, obediente à vontade de nosso Senhor, Jesus Cristo, ousamos dizer: *Pai nosso...*
- E agora, cumprindo a ordem do Senhor, digamos: *Pai nosso...*
- Atentos ao modelo de oração dado a Cristo, nosso Senhor, digamos: *Pai nosso...*
- Digamos agora, todos juntos, a oração que Cristo nos entregou como modelo de toda oração: *Pai nosso...*
- Já que desejamos que a luz de Cristo ilumine todos os homens, peçamos ao Pai que a todos chegue o Reino de seu Filho, digamos: *Pai nosso.*
- Unidos fraternalmente como irmãos e uma mesma família, invoquemos o Pai de todos, dizendo: *Pai nosso...*
- Concluamos nossa oração dizendo juntos as mesmas palavras de Jesus, nosso Mestre e Senhor: *Pai nosso...*
- Cheios de fé, invoquemos juntos o Pai de todos, repetindo a oração que Jesus nos ensinou: *Pai nosso...*

A liturgia dá liberdade para nos exprimirmos espontaneamente com outras expressões ou adaptarmos as que aqui apresentamos, segundo as motivações da assembleia ou do momento litúrgico celebrado. Diz-se em voz alta, e inclusive pode ser cantada, a expressão: "Vosso é o Reino, o poder e a glória para sempre!".

Aconselha-se que o presidente da celebração *seja moderado* no momento de introduzir a oração do Pai-Nosso; isto é, expressar-se evitando modos mirabolantes. Ao nosso ver, não seria adequado cantar as introduções, se recitamos sem canto outros textos, sem dúvida, muito mais importantes (por exemplo, a Oração eucarística). Evitemos converter essas introduções numa "mini-homilia" (prática bastante frequente). Pois as *mini-homilias* com que se costuma enfeitar o rito deixam-no desnecessariamente pesado; ademais, na ação litúrgica, fazer catequese é inadequado; assim, o "excessivo palavreado" resulta sempre artificioso e forçado.

O Papa Francisco falou sobre "o Pai-Nosso e a fração do pão". Na última Ceia, depois de ter tomado o pão e o cálice do vinho, e de ter dado graças a Deus, sabemos que Jesus "partiu o pão e o deu...". A essa ação corresponde, na liturgia eucarística da celebração, a fração do pão, precedida pela oração que o Senhor nos ensinou, ou seja, o Pai-Nosso.[43]

Assim, o Rito de comunhão começa prolongando o louvor e a súplica da Oração eucarística, em que a Igreja-Esposa, na forma concreta de assembleia celebrante, deseja beijar o seu carinhoso Cristo-Esposo (em comunhão), com a recitação comunitária do Pai-Nosso em dinâmica amorosa do Filho, que não deseja que esqueçamos seu Papai do Céu.[44] Essa não é uma das tantas orações cristãs, senão a oração que Jesus nos ensinou. Com efeito, entregue a nós no dia do nosso Batismo, o Pai-Nosso faz ressoar em nós os mesmos sentimentos de Jesus Cristo. Quando rezamos o Pai-Nosso, oramos como Jesus. Jesus rezava desse modo. É tão bonito rezar como Jesus! Ousamos dirigir-nos a Deus chamando-o de Pai porque renascemos como seus filhos no seu Filho, na água e no Espírito Santo (cf. Efésios 1,5). Na verdade, ninguém poderia chamá-lo familiarmente de *Abbá*, sem ter sido gerado por Deus, sem a inspiração do Espírito, como ensina São Paulo (cf. Romanos 8,15). Devemos pensar: ninguém pode chamá-lo de Pai sem a inspiração do Espírito.

---

[43] Cf. Papa FRANCISCO. Catequese sobre a Eucaristia. *Revista de Liturgia* 270, p. 9-10, nov./dez. 2018. Catequese 13ª "sobre a Eucaristia" – 14 mar. 2018.

[44] Cf. Marcio PIMENTEL. Rito da comunhão: por uma mistagogia das núpcias do Cordeiro. *Revista de Liturgia* 290, p. 20, mar./abr. 2022.

PAI-NOSSO, A ORAÇÃO DO ABBÁ

Quantas vezes as pessoas dizem Pai-Nosso, mas não sabem o que estão falando. Porque, sim, é o Pai, mas será que, quando dizem Pai sentem que ele é o Pai, o seu Pai, o Pai da humanidade, o Pai de Jesus Cristo? Têm uma relação com esse Pai? Quando rezamos o Pai-Nosso, entramos em relação com o Pai que nos ama, mas é o Espírito quem nos confere essa relação, esse sentimento de sermos filhos de Deus. Temos oração melhor do que aquela que Jesus nos ensinou para predispor-nos à comunhão sacramental com ele? (cf. FRANCISCO).

Na Oração do Senhor, pedimos o pão de cada dia, no qual entrevemos uma especial referência ao Pão eucarístico, do qual necessitamos para viver como filhos de Deus. Imploramos também o perdão dos nossos pecados, e, para sermos dignos de receber o perdão de Deus, comprometemo-nos a perdoar a quem nos tem ofendido. E isso não é fácil; é uma graça que devemos pedir: "Senhor, ensina-nos a perdoar como tu nos perdoaste". É uma graça... Assim, enquanto nos abre o coração a Deus, o Pai-Nosso dispõe-nos também ao amor fraterno. Por fim, peçamos ainda a Deus para nos libertar do mal que nos separa dele e nos divide dos nossos irmãos. Compreendemos bem que essas são oportunas exigências para nos prepararmos à sagrada comunhão (cf. IGMR 81).

Para a liturgia melhorar: o presidente *não precisa ter pressa em começar o Pai-Nosso*. É oportuno fazer um "breve instante de silêncio", ajudando a assembleia a perceber sensivelmente a extensão da Oração eucarística. Depois, o presidente introduzirá o convite à oração do Pai-Nosso em tom diferente, sereno e familiar.[45]

---

[45] Cf. Cesare GIRAUDO. *Num só corpo*. São Paulo: Loyola, 2003. p. 551.

Guillermo D. Micheletti

QUAL É A POSTURA ADEQUADA PARA REZARMOS O PAI-NOSSO?

Rezando o Pai-Nosso, de mãos sempre abertas, apresentamos ao Pai, com transparência, sem escamotear, o nosso coração e a nossa história (Guillermo Micheletti).

Catacombs of Priscilla, Rome.
In: https://www.wga.hu/

Nos últimos anos, acendeu-se – nas redes sociais cristãs – um debate sobre a postura ou gesto adequado para rezarmos o Pai-Nosso nas celebrações eucarísticas. A questão era se a Oração do Senhor deveria ser rezada, por parte da assembleia, com as "mãos erguidas" ou de qualquer outro jeito, seguindo o costume pessoal.[46]

Antes de tudo, elevar os braços em direção a Deus é atitude filial, unindo nossa vida aos braços estendidos de Jesus na cruz; pois, ele estendeu os braços na hora da sua Paixão, a fim de vencer a morte e manifestar a vida. Na cruz, a humanidade de Jesus, do ponto de vista da filiação, alcança o vértice. Os Padres da Igreja interpretam o Pai-Nosso como gesto que imita a cruz de Cristo. Orando o Pai-Nosso de mãos estendidas, associamo-nos ao Filho amado de Deus. Nossa oração, hoje, coincide com a filiação de Cristo na cruz. O Pai nos vê rezar de mãos estendidas; ouve-nos chamá-lo pelo clamor da

---

[46] Há uma tendência, hoje, por parte de alguns que se acham entendidos em matéria litúrgica, de instruir os fiéis a não erguer os braços nem espalmar as mãos, em atitude sacerdotal, no momento do Pai-Nosso. É um grande "desserviço à Igreja" e não devem ser ouvidos (PIMENTEL. *Rito da comunhão: por uma mistagogia das núpcias do Cordeiro*, p. 21).

oração, contempla em nós o rosto do seu Filho que se entrega e escuta de nós a voz dele, confiando-se em suas mãos.[47]

Por isso, convém salientar que, para além de uma reforma dos ritos, se faz necessário que o *sujeito celebrante* (isto é, toda a assembleia) desenvolva uma sintonia da mente com as palavras que pronuncia durante a execução do rito (SC 11), cujo objetivo é realizar uma participação ativa, frutuosa, e não menos consciente (SC 14;19;48). Consciente, isto é, *uma participação com conhecimento de causa* (saber o que se está fazendo).

Ora, a questão da postura certa está fora de discussão. Pois, erguer as mãos durante a execução do Pai-Nosso pertence quase que à categoria da sua gênese litúrgica. *Eis duas razões*: 1) Esse é o gesto do *orante por excelência*, já atestado desde os primeiros séculos, nas primeiríssimas expressões pictóricas das catacumbas romanas: postura de pé (*'amidâ*), com os braços *erguidos e as mãos distendidas*; 2) Deve-se levar em consideração que, sendo, antigamente, o Pai-Nosso uma oração presidencial, o gesto correspondente pertencia ao presidente. A partir do momento em que passou a fazer parte da gestualidade comunitária, o gesto sensível acompanha o verbal, portanto, é mais do que óbvio que os braços erguidos da "Igreja em oração" sejam o gesto conatural, que, na celebração eucarística, reveste de corpo a Oração do Senhor. Com isso, podemos dizer que a mais digna, a mais suplicante, a mais filial e a mais apropriada forma ritual de rezar o Pai-Nosso seja aquela que segue o conselho de Paulo a seu discípulo Timóteo: "Quero, pois, que as pessoas orem em todo lugar, erguendo as mãos puras, superando todo ódio e ressentimento" (1 Timóteo 2,8).[48]

---

[47] Cf. Danilo CÉSAR. "Estende a tua mão!". Mistagogia do Pai-Nosso. *Revista de Liturgia* 258, p. 25, nov./dez. 2016.

[48] Cf. PEREIRA. *O rito do Pai-Nosso*, p. 21.

É sugestivo orar o Pai-Nosso com os braços erguidos, as mãos espalmadas, em postura sacerdotal – como recomendava Tertuliano –, para sentirmos e expressarmos melhor o seu amor esponsal; chamados a formar um só Corpo em Cristo, para louvor de Deus (Filipenses 2). Em nome do Senhor, e animados por seu Espírito, deixamos de lado nossas desavenças, perdoamos as ofensas feitas, relativizamos nossas diferenças. Pois, rezando (ou cantando) o Pai-Nosso, experimentamos, no próprio corpo, que Deus é Pai amoroso, que escuta nossos pedidos e clamores. Assim, é maravilhoso pensarmos que, após rezarmos: "o pão nosso de cada dia dai-nos hoje", quem preside deixa visível que no pão eucaristizado o Pai nos doou seu Filho amado, como precioso presente, que nós, frágeis criaturas humanas, recebemos de suas mãos.[49]

Observação catequética: o costume de rezar o Pai-Nosso com *os braços erguidos e as mãos distendidas, em atitude orante, deve ser convenientemente ensinado*. Essa atitude é profundamente tradicional, e é observada nas catacumbas, nas figuras de mulheres em posição orante. No Salmo 141,2b, aparece como figuração da prece. Juntamente com a metáfora do incenso que sobe a Deus, essa atitude dos braços abertos para orar já era conhecida (cf. Salmo 134,2 e Êxodo 17,11ss). No NT aparece, em 1 Timóteo 2,8, como expressão da oração.

Quando rezamos o Pai-Nosso em atitude de "devolver-lhe" a oração que ele mesmo nos deu, na comunidade dos regenerados nele, manifestamos também e, sobremaneira, a atuação do Espírito (cf. Gálatas 4,6). Não mais de mãos atadas, ou atrofiadas por argumentos não condizentes com a rica Tradição da Igreja, mas livres para Deus e para a liberdade que Cristo nos alcançou (Gálatas 4,7).

---

[49] Cf. Balthasar FISCHER. *Sinais, palavra e gestos na liturgia. Da aparência ao coração*. São Paulo: Paulinas, 2003. p. 74; Ione BUYST. *A missa. Memória de Jesus no coração da vida*. São Paulo: Paulinas, 2004. p. 132-134.

PAI-NOSSO, A ORAÇÃO DO ABBÁ

Enfim, os cristãos, elevando agora suas mãos abertas, vazias de violência, mas existencialmente cheias: sua vida filial, que encontrou na cruz de Cristo expressão maior e que, pela oração, se torna imitação sacramental de um povo liberto – não escravo, autônomo –, não dependente, senão de Deus, maduro, não infantilizado por argumentos religiosos que não correspondem à fé cristã.[50]

Mais ainda, já tendo "os corações ao alto" (diálogo inicial da Oração eucarística), todo o "Corpo eclesial" agora se volta, com os braços erguidos e com as mãos espalmadas, àquele a quem se dirige a prece, quando se está ao altar: o Pai.[51] Com isso, tendo os *braços erguidos* e as *mãos abertas* diante do Pai, manifestamos que, apesar de nossas fragilidades, desejamos nos apresentar "transparentes", "sem nada a esconder" diante dele. Pois, nós confiamos em Jesus, o Cordeiro Santo de Deus, que segura na mão direita o livro da nossa vida. Apresentamo-nos desarmados e despidos diante de Deus. Ele sabe que, no coração de seu Filho, o livro das nossas vidas está protegido, escondido e lacrado com sete selos (cf. Apocalipse de João 5,1-9).

(Sugerimos a leitura do Anexo 5.)

---

[50] Cf. CÉSAR. "Estende a tua mão!", p. 26.
[51] Cf. PIMENTEL. *Rito da comunhão: por uma mistagogia das núpcias do Cordeiro*, p. 21.

13.
Para concluir:
"Papai/Mamãe nosso"

Papai/Mamãe que estais em nosso coração.
Que nunca esqueçamos vosso amoroso nome.
Aconteça entre nós a justiça do vosso reino.
Seja feita a vossa vontade na terra,
assim como vós a realizais no ambiente divino.
O pão que sustenta nossos dias,
lutemos a que jamais falte à mesa dos pobres.
Perdoai-nos as nossas ofensas,
assim como desejamos perdoar
aos que nos ofendem e algo nos devem.
Não nos permitais cair em tentação,
mas, livrai-nos de promover a maldade
que estrutura o pecado no mundo. Amém.

ANEXO I
PARA PENSARMOS: O MODO DE SER DE DEUS NÃO É "TODO-PODEROSO", SENÃO "TODO-AMOROSO"[1]

"Deus é todo-poderoso só para espalhar amor e fazer acontecer o bem" (Antonio Pagola).

"Deus pode tudo, sim; mas, tudo o que é possível de fazer..." (Andrés Torres Queiruga).

Ouvimos falar de Deus em muitas ocasiões; com maior força na Bíblia. Mas o que entendemos? À primeira vista, pensamos em um ser sublime, com "poder absoluto e total". Mas, na verdade, Deus não é poder absoluto, senão "comunicação absoluta".

---

[1] Cf. FAUS. *Confío. Comentario al Credo cristiano*. Santander: Sal Terrae, 2013, p. 47-50; QUEIRUGA. *Um Deus para hoje*. 3. ed. São Paulo: Paulus, 2006. p. 17-24; QUEIRUGA. Mal. In: *Dicionário de Conceitos Fundamentais do Cristianismo*. São Paulo. Paulus, 1999. p. 449-454; Maria Clara BINGEMER. *Um rosto para Deus?* São Paulo: Paulus, 2005. p. 56-106; J. B. LIBANIO. *A escola da liberdade. Subsídios para meditar*. São Paulo: Loyola, 2010. p. 155-156.

Nele, só há comunhão de Amor; há solidariedade e pluralidade: Deus não é solidão; a solidão é estéril, nada fecunda... (cf. M. BINGEMER). Por isso, o poder é contrário a toda verdadeira comunicação...; o poder será sempre contrário a Deus, pois Deus fecunda comunicando.

Assim, em sua relação conosco e com todo o criado finito, concebemos a Deus como poder, porque é a fonte de nosso ser, mas sem que isso faça referência a uma espécie de poder arbitrário e absoluto, fonte de superstição. É isso que ocorria com as religiões antigas, em que os deuses de Egito, Grécia, Babilônia... brincavam com o destino humano e criavam os homens para que os servissem em seus orgiásticos prazeres: "loro bel piacere". No entanto, Deus foi aprimorando a criação em sua dinâmica evolutiva de no mínimo 13 bilhões de anos, para que, de algum modo, comunicando-se fora de si mesmo, especialmente com o ser humano, fosse reconhecido e amado. Assim, percebe-se que o ser humano, neste mundo, não é um brinquedo; ele, com a ajuda amorosa de Deus, pode gerir sua sorte do melhor modo possível. De modo que "sabemos que tudo contribui para o bem daqueles que amam a Deus, daqueles que são chamados segundo o seu desígnio" (Romanos 8,28). Por isso, o Espírito amoroso de Deus vem em ajuda da nossa fragilidade, para ensinar-nos a encaminhar nossa vida com sensata lucidez. O Espírito reza em nós e sonda nossos corações para interceder por nós... direcionando tudo para o bem dos que ele ama (a humanidade). É o que devemos esperar dos pais, ao gerarem a vida dos filhos, ou seja, que procurem ajudá-los a crescer e amadurecer como pessoas, mas sem dominá-los ou submetê-los a seus caprichos.

Não é fácil compartilhar a profunda e genial intuição de Etty Hillesum, jovem judia que morreu em Auschwitz aos 28 anos, em sua reveladora experiência de que *Deus precisa de nossa ajuda para*

PAI-NOSSO, A ORAÇÃO DO ABBÁ

mudar o mundo: "... meu Deus, esta noite aconteceu que, pela primeira vez, pensei: te ajudarei, meu Deus, para que não me abandones..., mas nada posso prometer-te por antecipado. Apenas uma coisa é para mim cada vez mais evidente: que tu não podes ajudar-nos, somos nós a ter que te ajudar, e assim nos ajudaremos a nós mesmos. Isto é o único que tem realmente importância nestes tempos. Ó Deus: salva um fragmento de ti em nós! Talvez assim te ressuscitaremos nos corações desolados do povo. Sim, meu Senhor, parece ser que tu não podes mudar muito as circunstâncias; enfim, pois pertencem a esta vida... E, em cada batimento do coração, tenho muito claro que tu não nos podes ajudar, então, somos nós a ter que te ajudar e que teremos que defender até o fim o lugar que ocupará em nosso interior... Acredita em mim, Senhor, seguirei trabalhando por ti e te serei fiel, e não te expulsarei do meu interior...".

Daqui decorre, como afirma González Faus, que a mística intuição de Etty reside em que *ajudar a Deus é ajudar o amor*. Ele não tem forças, portanto, precisa da nossa fragilidade para fazer acontecer o amor na medida humana.[2]

Às vezes, em nosso interior surgem perguntas que por momentos não queremos nem sabemos responder. É possível crer em um Deus onipotente perante o drama da vida humana esmagada com guerras e genocídios, com crimes e terrorismo, com o alarmante problema da fome e da exploração; com a dor, a doença e a morte?

Ficamos perplexos diante dessas lamentáveis e insuportáveis situações humanas e da imagem que foi ensinada sobre a onipotência de Deus; isto é, manter, de modo acrítico e talvez inconsciente, o pressuposto de uma *onipotência abstrata e definitivamente*

---

[2] Cf. FAUS. *Etty Hillesum. Uma vida que interpela.* Santander: Sal Terrae, 2017. p. 68-69.

arbitrária, no sentido de que *Deus poderia, se quisesse*, eliminar os males do mundo. Os cristãos devem levar muito a sério essa situação, que, antes mesmo de atingir a verdade da fé, toca o próprio sentido comum.

É razoável que, num mundo onde a realidade material nos demonstra que a limitação temporal e espacial é óbvia, manifeste-se o caráter estritamente inevitável do mal no seio desse mundo finito. Uma vida limitada não pode excluir *a priori* a situação-limite da falha, do erro e da culpa. Dada sua amorosa decisão de criar, Deus não pode evitar as consequências da realidade criatural, porque equivaleria a anular com uma mão o que teria criado com a outra. Pois, não que Deus não possa criar e manter um mundo sem o mal; é que isso "não é possível": seria tão contraditório como fazer um círculo quadrado. A materialidade tem seus limites espaciais e temporais.

Assim, quando expressamos em forma de "petição" ou nas "preces da comunidade" pedidos e súplicas a Deus para que tenha compaixão das crianças que morrem de fome, que cure a doença de um familiar, que não permita aos imigrantes se afogarem, o nosso inconsciente recebe uma mensagem terrível: se as crianças continuam tendo fome e os migrantes se afogando, ... *é porque Deus não escuta nem tem piedade*. Estamos supondo que pode fazê-lo e, consequentemente, "se não o faz, é porque não quer". Esse raciocínio, na atual situação cultural, gera terríveis consequências. Pois, se Deus, vendo os males que nos afligem, mesmo podendo, não os elimina, ele acaba parecendo um ser "mesquinho e insensível", "indiferente e até mesmo cruel e genocida". Pois, um Deus que permite tantos e tão escandalosos dramas na humanidade e não os impede se faz cúmplice da maldade dos homens, e, portanto, dificilmente poderemos chamá-lo Deus. De fato, pedir e suplicar a Deus faz parecer que a iniciativa é nossa e o coloca em uma atitude passiva e omissiva, ocultando, assim, a iniciativa absoluta do seu amor.

Aceitando essa situação/permissão divina, não percebemos os danos terríveis que essa inversão produz na imagem de Deus e na credibilidade da fé e ignoramos a enorme força que a linguagem tem sobre o espírito e a cultura. Na verdade, Deus nos responde sempre com coisas boas (cf. Mateus 7,11). A oração "não é magia", não é "cansar os deuses" – como escrevia o filósofo pagão Lucrécio, em sua obra: *A natureza das coisas* (IV, 1239) – ou "atordoar a Deus" por força de palavras multiplicadas (cf. Mateus 6,7-8). Deus não está à nossa disposição para satisfazer os nossos desejos, muitas vezes egoístas e, acima de tudo, ignorantes. Na oração, devemos descobrir sua bondade e a sua misericórdia.[3]

Se não mudarmos o jeito de rezar, seja de modo privado, todos os dias, seja da forma repetida em públicas celebrações por milhares de pessoas, acabaremos minando a imagem de Deus, obscurecendo a ternura infinita do seu rosto e gerando o fantasma de um Deus indiferente, quando não cruel e alheio. Muito longe do Papai de Jesus.[4]

Urge termos uma justa e equilibrada consideração sobre Deus. Um Deus que cria por amor, evidentemente quer *o bem* e *só o bem* de suas criaturas. O mal existe porque é "inevitável", num mundo de realidades finitas, limitadas, temporais. Por isso, "não se pode dizer que Deus manda ou permite alguma coisa ruim", mas que sofre e padece os males como "frustração da obra de seu amor" que não é concretizado em nós. Pelo contrário, *Deus está ao nosso*

---

[3] Cf. Enzo BIANCHI. Um pai sempre dá coisas boas a seus filhos. *IHU on-line*, 22 jul. 2022.

[4] Cf. Andrés Torres QUEIRUGA. O papa, o Pai-Nosso e a oração de petição. *IHU on-line*, 14 dez. 2017 (publicado em *Settimana News*, 13 dez. 2017).

lado, limitando e superando o mal enquanto possível, já agora dentro dos limites da história. Por isso, não faz sentido que "peçamos" ou "tenhamos de convencer" a Deus de que nos livre dos males. Pelo contrário, *ele é o primeiro a lutar contra eles*, e é ele que nos chama e suplica que colaboremos com essa luta. Será que na humanidade temos pessoas que, em sua superficialidade, gostariam de se safar com a hipócrita pergunta: "Onde está Deus?", porque, sendo apenas homens, nada mais que homens, a pergunta que cabe é: "Onde está o homem? Onde está a humanidade?" (E. BIANCHI).

Observação catequética: permitam-me insistir, é premente divulgar na catequese e na pregação *uma renovada imagem de Deus à luz de Cristo*, para iluminar os corações dos catequizandos. Deus é um Deus solidário, amigo e companheiro, a ponto de permitir dolorosamente (não o deseja) que seu Filho derramasse seu sangue por nós. Deus é o grande companheiro que sofre conosco e nos compreende; cria por amor e vive debruçado com generosidade irrestrita sobre todas e cada uma de suas criaturas. É tão companheiro, que não houve desde o começo do seu evolutivo projeto humano um só homem ou mulher que não tenha nascido amparado por seu amor incondicional.

Se lográssemos ver as coisas desse modo, o escândalo do mal – não negado nem suavizado! – poderia converter-se em seu contrário: na maravilha misteriosa do Deus de Jesus, que, diante de tudo, restabelece a dignidade do pobre, dos que choram, dos que sofrem e são perseguidos.

Deus oferece, com a dignidade, a coragem e a esperança: a pessoa humana sabe que pode permanecer firme sobre a terra, que tem sempre o direito de lutar e que, ainda que seja derrotada, pode esperar com Jesus de Nazaré. Pois, na carne transpassada pelos pregos na cruz, Jesus pôde contemplar o Deus da ressurreição.

Devemos superar definitivamente a ideia de conceber um Deus declarado "todo-poderoso"; Senhor absoluto, diante do qual a criatura se sente um nada, "argila pecadora". Esse Deus todo-poderoso e patriarcal é também concebido como juiz de vivos e mortos, em caráter inapelável para toda a história das pessoas e da humanidade. Essa ideia de origem, mais grega do que bíblica, foi incutindo no imaginário cristão uma *espiritualidade do medo e de condenação* e contagiando tudo com a obsessão neurótica da culpabilidade, do sentimento de indignidade.

Com isso, a concepção grega, e não bíblica, de Deus como *todo-poderoso* levou a acreditarmos que nesta terra "sempre se cumpre a vontade de Deus" e a "engolirmos", mesmo sem entender, que muitos sofrimentos humanos e muitas injustiças seriam da vontade divina, diante da qual cabe apenas uma atitude de "resignação", ou uma resposta lacônica: "seja feita a tua vontade". Isso é o culto da "monolatria étnica" (J. MOSTERÍN). Essa expressão soa como aceitar a injustiça e a dor, quando, partindo de Jesus, deveria soar como provocação a eliminar essa injustiça, essas dores. Nunca enfatizaremos o bastante até que ponto esse modo de ver e pensar *desfigura o Cristianismo*, e, por sinal, isso justificou muitas críticas de grandes pensadores. Assim, por exemplo, uma mulher que dizia: "Se tenho que aceitar que todas as desgraças que vêm a este mundo são da vontade de Deus", será levada a exclamar: "Se alguma vez eu rezar o Pai-Nosso, será para dizer: 'que se cumpra tua vontade no céu, mas não na terra, por favor!'".[5]

Deus não é um patrão enraizado nos céus – imagem perversa de Deus! Ele não é assim, senão o Pai que acompanha os nossos passos. Não é o Deus impassível e distante; é o Deus conosco que

---

[5] Cf. FAUS. *Otro mundo es posible*, p. 356-357.

se apaixona pela nossa vida e empenha-se, a ponto de chorar as nossas lágrimas. Não é um Deus neutro e indiferente; ele coloca a nosso dispor o seu Espírito amante dos homens e mulheres, que nos defende, aconselha, toma posição a nosso favor e compromete-se com a nossa dor e sofrimento. É o Deus da terna proximidade compassiva, que deseja aliviar as cargas que nos esmagam; que ilumina os dias sombrios, que sustenta os passos incertos.[6] Enfim, Deus não é um tirano que se encastela no céu, mas um Pai que segue carinhosamente nossos passos. Não é um frio observador, indiferente e imperturbável; ao contrário, é o Deus conosco, que se envolve com nossa vida e se identifica com ela, até chorar nossas mesmas lágrimas.[7]

A visão de Deus que fomos configurando no imaginário coletivo da fé, que trata a Deus como "malcriado", contrapõe-se à experiência bíblica de um Deus Pai/Mãe misericordioso que perdoa e exerce o poder como misericórdia, que em Jesus se revela como graça e salvação. Pois a fé é para aprendermos a nos colocar a serviço de Deus no próximo (F. MIRANDA). Baseados nessa visão bíblica, tivemos teólogos como Bonhoeffer e Moltmann, que falaram do paradoxo de "um Deus impotente e frágil diante do mundo", de um "Deus crucificado, bem fixado nos pregos". Só esse Deus que assume o sofrimento humano pode nos ajudar, quando estamos feridos. O principal exemplo foi dado por Jesus, Filho de Deus encarnado, que se deixou crucificar e que, no limite da desesperação, gritou: "meu Deus, meu Deus, por que você me abandonou?"

---

[6] Cf. Papa FRANCISCO. *O rosto de um Deus próximo que vai ao encontro dos pobres*. *L'Osservatore Romano*, n. 4, p. 2, 25 jan. 2022.

[7] Papa FRANCISCO. *Homilia do III Domingo do Tempo comum – Domingo da Palavra*, 23 jan. 2022.

(Marcos 15,34).[8] Por isso, devemos estar atentos ao jeito como a visão teológica ocidental aplicou a Jesus a imagem de Deus todo-poderoso da filosofia grega, em vez de chegar à imagem de Deus a partir da revelação evangélica. Assim, no Ocidente, a vida real e concreta de Jesus de Nazaré é em grande parte desvalorizada e kenoticamente obscurecida: pobreza, fragilidade, humilhação.

Pode-se dizer, com certeza, que o Cristianismo ainda não deu o melhor de si, pois não conseguiu comunicar "adequadamente" a experiência de um Deus Amor. Uma nova cultura parece estar aflorando, indiferente ao "Deus onipotente" e com ouvidos mais atentos para as testemunhas de um Deus com rosto renovado: um Deus amigo e amante; "extremamente" apaixonado por cada ser e servidor humilde de suas criaturas; vindo a nós "não para ser servido, mas para servir"; com infinita capacidade de compadecer-se, compreender, acolher a todos; um Deus que mora em todo coração humano e acompanha a todos em suas desgraças; um Deus que sofre na carne dos esfomeados e miseráveis da terra; um Deus que ama toda pessoa humana, a felicidade, a beleza e o sexo; um Deus que está conosco para "procurar salvar" o que está destruído e que foi, por nós, jogado fora; um Deus que desperta nossa adormecida responsabilidade e ergue nossa dignidade; um Deus que liberta dos medos e que quer, a partir de agora, a paz e a felicidade para todos; um Deus que, longe de provocar angústia diante da morte, abraça a pessoa que agoniza, resgatando-a para a vida eterna. Enfim, um Deus pelo qual alguém pode apaixonar-se, pois, quem amaria um Deus pouco amável?[9]

---

[8] Cf. Leonardo BOFF. *La fuerza de los pequeños*. *Religión Digital*, 1º mar. 2022.

[9] Cf. José Antonio PAGOLA. *Anunciar Deus hoje como boa notícia*. Petrópolis: Vozes, 2016. p. 50.

Observação litúrgica: as orações da liturgia que se dirigem continuamente a Deus e ao Deus todo-poderoso, as terríveis representações do juízo final, a pouca participação dos fiéis à comunhão eucarística, por se sentirem indignos pecadores (infeliz herança do jansenismo), são, entre outros, sintomas dessa visão "desfigurada" de Deus.

Por isso, "todo-poderoso" é um termo que *aparece deformado na liturgia católica*, não certamente na categoria do ser; e sim na relação de Deus para conosco como *Amor que renunciou a seu poder*. No NT, o termo "pantocrátor" (παντοκράτωρ) (governador de todo e de todos) aparece no Apocalipse para lembrar que ele sempre é o Senhor da vida e da história. Essa característica divina, que foi introduzida logo nos "Credos" e depois na liturgia cristã, atinge e deforma também as orações de petição. A Bíblia Hebraica não contém nenhum termo que possa ser traduzido como "onipotente". A versão dos LXX traduziu "pantocrátor" com o termo "Yahvé Shebaot" (ou *El Shaday*), porque esse termo servia para reconhecer os imperadores e atuava de modo contundente para exprimir que Iahweh estava muito acima deles.[10]

Por outra parte, a influência da filosofia grega sobre o Cristianismo levou a uma visão de Deus mais como poder do que como Amor. Assim, inconscientemente, o povo se sente cada vez mais afastado de Deus, da grandeza mistagógica dos sacramentos e da doutrina da Igreja, preferindo recorrer aos ritos de religiosidade popular, à devoção a Maria e aos santos, porque neles experimenta de modo mais sensível uma proximidade benevolente, e não em um Deus todo-poderoso, juiz temível e castigador de vivos e mortos.[11]

---

[10] Cf. José Antonio PAGOLA. *Anunciar Deus hoje como boa notícia*, p. 310-311.
[11] Cf. CODINA. Desoccidentalizar el cristianismo. *Selecciones de Teologia*, n. 191, p. 163-175, jul./set. 2009.

Podemos observar, surpresos, que em algumas anáforas eucarísticas do *Missal Romano*, quando se faz referência a Deus, muitas vezes aparece o "Deus todo-poderoso". Assim, apenas como exemplo: "... Senhor, Pai santo, Deus eterno e todo-poderoso" (OE I). Também em muitas bênçãos finais (ou bênçãos de dispersão): "Abençoe-vos Deus todo-poderoso, Pai, Filho e Espírito Santo".

Devemos, por esse motivo, insistir litúrgica e catequeticamente que a única forma de entendermos a Deus, invocado como todo-poderoso, é levando em conta plenamente que ele é Pai, fonte e doador de toda bênção, de toda graça e de bondade; revelador do caminho para a vida eterna; luz que não conhece ocaso, misericordioso; que se deixa contemplar; o que opera grandes obras; o protetor, guarda e defensor de seu povo; o socorro do seu povo, o que ilumina com o seu esplendor; o Senhor que dá os mandamentos; refrigério na dor, clemente, purificador; sábio, benevolente, médico de toda a nossa vida; o que sabe escutar; mestre e guia do povo; o que volta o seu olhar para o seu povo; vivificador; doador de luz, renovador; que passa longe da ira e grande no amor..."[12]

Por isso, pessoalmente, resisto a rezar pensando do modo helenista, como *Deus de todo poder*. Muito, mas muito melhor, é atribuir a Deus o precioso adjetivo bíblico de "amoroso", que abrange todas atribuições colocadas no parágrafo anterior. Com isso, liturgicamente deveríamos substituir "Deus todo-poderoso" por "Deus todo-amoroso". Eis um desafio catequético e litúrgico a se levar em conta de modo consciente e persistente.

---

[12] Cf. Jerônimo PEREIRA. A oração sobre o povo na III edição típica do *Missal Romano*: recuperação da sã tradição e legítimo progresso. *Revista de Liturgia*, n. 291, p. 29-30, maio/jun. 2022.

DEUS, ONDE ESTÁS?[13]

"Qual é o rosto de Deus que anunciamos na Igreja, o 'Salvador' que liberta e cura, ou o 'Temível' que esmaga sob o peso do sentimento de culpa?"[14]

"A confiança e a fé do coração podem acreditar em Deus quanto num ídolo. Se a fé e a confiança são justas e verdadeiras, também teu Deus será verdadeiro e justo. Pelo contrário, se confias em coisas errôneas e injustas, aí não estará o verdadeiro Deus. A fé e Deus são inseparáveis. Onde coloques teu coração, isto é, naquilo em que confies, esse será 'teu deus'" (Martinho Lutero. *Catecismo maior*).

- *Na Criação* cultivada pelos homens e mulheres de boa vontade. Mistério inefável, realidade fontal, possibilidade criadora que emana de cada partícula e de cada átomo, das galáxias em formação e do universo todo em expansão; energia quântica originária e inesgotável; campo eletromagnético eterno e de onde, numa infinitesimal faísca, aconteceu o *Big Bang*, de onde brotou esse maravilhoso e prodigioso universo...
- *No entusiasmo* daqueles que acreditam que a "guerra" e a "violência" não são as últimas palavras da existência.
- *No sangue dos que lutam* pela justiça, dos que combatem todo sistema que oprime o ser humano e a natureza.

---

[13] BOGAZ; COUTO. *Deus onde estás?* – verso capa; José ARREGUI. Podemos aún llamar "Dios" a lo que inspiro Jesus? *Religión Digital*, 21 jun. 2022.

[14] Papa FRANCISCO. *Homilia do III Domingo do Tempo comum – Domingo da Palavra*, 23 jan. 2022.

- *Na esperança que move o coração,* que o impulsiona na luta para que o Reino por Cristo anunciado se torne concreto em nosso meio.
- *Na defesa dos direitos* de uma maioria desfavorecida, marcada pelo preconceito, pelo desprezo e pela indiferença de uma minoria acomodada em seu esbanjamento.
- *Nos pequenos e grandes* gestos de solidariedade e de compaixão.
- *Nos corações dos que amam* de verdade, dos que não se contentam com o que está estabelecido.
- *Nos que lutam* para que todos tenham terra, trabalho, saúde, educação, lazer, para que todos tenham vida em abundância. Alento vital e profundo que inspira e move nossos desejos de amor e justiça; que nos impulsiona ao silêncio profundo, à contemplação admirativa, ao respeito de tudo quanto existe, à compaixão para com as pessoas e a uma política benfazeja para com todos os feridos da vida.
- *Nos pobres,* nos que são marginalizados por sua raça, cor ou condição moral.
- *Na beleza da natureza,* na luta pela paz e pela justiça, no sorriso das crianças e na bonita experiência dos idosos.
- *Mais perto de nós do que imaginamos,* ele está no irmão a nosso lado, que compartilha conosco todos os momentos de busca e de descoberta.

Anexo 2
A fonte e a raiz de tudo: celebrar o nome YHWH[1]

"Aleluia! Povos todos, louvai o Senhor,
nações todas, dai-lhe glória;
porque forte é seu amor para conosco e
a fidelidade do Senhor dura para sempre"
(Salmo 115[116]).

É necessário e decisivo aos cristãos aprofundarem a riqueza bíblica do nome de Deus, apresentado como "YHWH" (ocorre mais de 6 mil vezes só no AT); é representado por quatro letras hebraicas: YHWH (יהוה).[2] Por sinal, não se conhece com exatidão a sua origem nem o seu sentido; a pronúncia deve ter soado "Iahu" ou "Iahwê" (em hebraico w = u). Mas eles não pronunciavam o

---

[1] Cf. Carlos MESTERS. *Fundamentação bíblica das celebrações nas casas. Reinventar hoje a missão dos levitas* (PNV 347). São Leopoldo: CEBI, 2016. p. 50-56.

[2] YHWH é o "Tetragrama sagrado" que na Bíblia Hebraica indica o nome próprio de Deus: (יהוה). As quatro letras do alfabeto hebraico que compõem o tetragrama – escritas da direita para a esquerda – são י (*yod*), ה (*he*), ו (*vav*, chamada também *waw*), e de novo ה (*he*). Em português, a transliteração usual é YHWH. As quatro letras são consoantes, como é normal ao escrever hebraico.

nome de Deus como faziam os outros povos, para manipular Deus por seu nome.[3] Aliás, com esse nome, Deus não encaixa em nenhum esquema ou vocabulário humano que lhe possamos dar (J. ESTRADA).

A história do povo de Deus descrita na Bíblia é como um círio. O pavio é o nome de YHWH, que percorre a Bíblia toda, iluminando-a de ponta a ponta. A cera é a história do povo. O nome de Deus ilumina por dentro a história do povo. Para evitar que o nome sagrado fosse pronunciado levianamente, sem o devido respeito, combinou-se de pronunciar as quatro letras, YHWH, como Adonai, que quer dizer "Senhor". Era para reverenciar o mistério de Deus que nele se revela.[4]

Por outra parte, a Bíblia hebraica evita pronunciar o Sagrado Tetragrama e, para isso, aplica a Deus vários nomes: *El, Elim, Elohîms, Allah* (isto é, divino). Mesmo que se possa dizer que ele tem mil nomes, porque todos os nomes lhe ficam pequenos (J. ESTRADA), vamos, pois, detalhar alguns de seus significados aproximados:[5]

- *Elohîms*. É o primeiro nome divino escrito na Bíblia e também o mais generalizado. Ele sugere uma ideia de "poder" de "prioridade". Foi, por vezes, traduzido por *Theós* (grego) e Deus (latim). Mas, na verdade, *Theós* significava precisamente "os deuses do Olimpo". *Elohîms* é precisamente o Deus dos hebreus, o criador dos céus e da terra, conhecido sob o nome próprio de "YHWH". Na Bíblia, aparece muitas vezes

---

[3] Cf. Johan KONINGS. *A palavra se fez livro*. São Paulo: Loyola, 1999. p. 22 (Coleção CES).
[4] Cf. MESTERS. *Fundamentação bíblica das celebrações nas casas*. p. 54-55.
[5] Cf. CHOURAQUI. *A Bíblia. No princípio [Gênesis]*. Rio de Janeiro: Imago, 1995. p. 29-35.

fazendo referência não apenas ao Deus único dos hebreus, mas também à multiplicidade das divindades pagãs e até a força de um homem influente (Êxodo 4,16; 7,1).

- O *Tetragrama*, que se refere a Deus, reconhece e proclama que tudo o que existe no mundo e no universo está debaixo do seu domínio. Além do mais, segundo a tradição judaica, o Tetragrama, traduzido por "Senhor" ou "Eterno", indica a *Middath ha-rachamim*, a qualidade divina da misericórdia, enquanto *Elohim* indica a *Middath ha-din*, a justiça divina. Justiça e misericórdia são ressaltadas desde o início na proclamação de fé do Judaísmo e constituem as duas qualidades principais da Majestade divina!

Esse único Ser é aquele que detém o poder da justiça e da misericórdia. E é muito significativo que a qualidade da misericórdia seja expressa duas vezes, enquanto aquela da justiça somente uma; de modo tal que o Eterno mesmo destaca que a misericórdia deve superar as exigências da justiça. É exatamente essa misericórdia que o judeu é chamado a recordar e demonstrar. Mas, podemos acrescentar algo ainda: não é suficiente que o hebreu seja "testemunha" pelo fato de ter escutado: a letra *'ain*, a primeira da palavra *'ed*, "testumunha", significa "olho". O olho que vê, unido à orelha que escuta, torna o versículo mais denso de significado: todas as nossas faculdades devem ser chamadas a testemunhar essa "unidade e unicidade de Deus", assim como se expressou Davi: "Ó Senhor, todos os meus membros proclamam: Ó Eterno, quem é como ti?" (Salmo 35,10). O fiel se tornará, então, não uma simples testemunha, mas também uma "testemunha ocular".[6]

---

[6] Reflexão bíblica do Rabino Elia Kopcioweski, chefe da sinagoga de Milão.

- *El.* Este nome pertence ao tesouro do vocabulário comum dos povos semíticos. Seus significados são ainda controvertidos. Alguns propõem "forte", "poderoso como o mais belo carvalho", "aquele que confirma e reforça". Os cananeus já chamavam de *El* o pai de seus deuses. Enfim, esse nome aparece em muitas inscrições cananeias e aramaicas e até no sul da Arábia. Os babilônios e os assírios utilizavam a forma *Ilu* com o mesmo significado.
- *Eloha.* Este nome seria o nome singular de *Elohîms* ou "o *Elohîms* de Israel". Outros o fazem derivar de uma raiz que evoca "aquele que faz tremer as criaturas" ou, ainda, "aquele que protege contra todo medo", entre outros.
- *Yah.* Este nome geralmente é considerado um diminutivo de YHWH. Outros afirmam que *Yah* seria o nome original de *Elohîms* de Israel, e YHWH seria um derivado. Raramente empregado na Bíblia, aparece, por sua vez, somente em textos proféticos.
- *Sebaot.* Encontra-se nos livros de Samuel, Reis, Crônicas, Isaías, Jeremias e também nos livros dos Salmos. A fórmula longa é: YHWH *Elohîms Sebaot*, de modo mais conciso: *Elohé Sebaot*. A tradução antiga de "Deus dos exércitos" ou "das milícias", "dos astros", "dos mensageiros" ou "das criaturas que replenam o céu e a terra". A imagem evoca, portanto, uma totalidade organizada, obediente a um mesmo chefe. Os gnósticos do século II da era cristã consideravam *Sebaot* como um nome divino autônomo.
- *Él Shadaï.* Este nome é empregado seis vezes na Torá (Gênesis 17,1; 28,3; 35,11; 43,14; 48,3; Êxodo 6,3) e uma vez em Ezequiel 10,5. *Él Shadaï* quase sempre é associado à promessa de fecundidade. Sua etimologia associa-se ao termo *shad*,

"mama" em hebraico, ou, em acadiano, às "montanhas férteis", "os peitos ubérrimos de onde mana leite e mel". Os rabis interpretaram o nome de *Él Shadaï* como o Deus que se basta a si mesmo, *Shé Daï*, ou, ainda, "Aquele que dá seu limite à criação". Outras vezes *Él Shadaï* pode ser compreendido como o "Deus dos seios fecundos, das altas montanhas" e o "Senhor das rochas".

Para completar a lista desses nomes, sabemos que o povo judeu empregava outros substitutivos:[7]

- *Adonai-Mrán-Kyrios*. Os judeus diziam "Adôn" (Senhor) ou "Adonai" (meu Senhor). Em arameu, diziam "Mar, Maran, Maria" (Senhor, nosso Senhor, meu Senhor), termos aplicáveis também a monarcas e pessoas importantes.
- *Shamayim*. "O céu e os céus." Em princípio, o céu atmosférico, com o sol, a lua e as estrelas (nas setes abóbodas excelsas); portanto, não é Deus, e não pode adorar-se (cf. Gênesis 1,1.6.14). Com o tempo, a cosmografia judaica colocou, acima desse céu, um "céu superior" identificado com Deus, que chamaram *Shamayin*; isto é, "Ouranos" (grego). Assim, no NT, "Ouranos" vai significar Deus, Reino dos céus e Reino de Deus.[8]
- *Há-Olam, o Eterno, o Infinito*. Não é eterno no sentido filosófico, como oposto ao tempo, senão como aquele que dura e se mantém para sempre, e *olam* (Gênesis 21,33; Salmo 90,1-3;

---

[7] Cf. Xabier PIKAZA. *La Palabra se hizo carne. Teologia de la Biblia*. Estella: EVD, 2020. p. 32-33.

[8] *Ouranos* ou *Uranus* (em grego: Ουρανός, "o que cobre" ou "o que envolve'"). Na mitologia grega, divindade que personificava o "céu". A etimologia possivelmente tem origem no vocábulo sânscrito que origina o nome de *Varuna*: deus védico do céu e da noite.

93,2; Isaías 26,4) não é eternidade, senão "presença divina e senhorio futuro". Deus do mundo vindouro.

- *Ha-Shem, o Nome.* O nome que ninguém pode pronunciar (Êxodo 20,7; Deuteronômio 5,11). Por vezes, acrescentava-se "Adonai"; isto é, *Adonai-há-She* (o nome do Senhor). Por isso, para invocar a Deus sem dizer "Javé" se diz simplesmente "o Nome", isto é, a Palavra e presença originária, que dá sentido a todas as outras palavras, como rezamos no Pai-Nosso cristão: "santificado seja o teu nome!".

- *Maqom, o Lugar.* Para significar por antonomásia o Templo ou Santuário de Sião, morada de Deus. Vários textos judaicos relacionam Deus com esse lugar; por exemplo, para dizer "a mesa de Javé", fala-se "a mesa do Maqom"; ou, para dizer "os filhos de Javé", dirão "os filhos de Maqom".

- *Shekina ou Presença.* Provém de *shakan*, "habitar". Terminou sendo para os judeus uma expressão privilegiada de Deus. Assim, a Bíblia entende Deus como aquele que é "presença universal", concretizando com força o sentido de *Maqom*. Por isso, com o tempo, o termo "Presença" foi praticamente sinônimo de Deus.

- *Qadós, o Santo.* Assim cantavam a Deus os coros seráficos de Isaías 6, recolhendo um tema que é central em todo o AT. Deus aparece como o "infinito", o "Outro/separado", como santidade absoluta, não quanto oposta ao pecado moral, senão à "finitude", à fugacidade de tudo quanto existe sobre o mundo. Nesse sentido, Deus é Santo como Criador, como aquele que, tendo suscitado tudo o que existe, se mantém além de tudo, como "plena Transcendência".

- *Rahum, Misericordioso.* Ele é o Deus da compaixão apaixonada, que é todo amor para os homens. Assim, em Deuteronômio 4,31:

"Pois o Senhor teu Deus é um Deus misericordioso, que não vai te abandonar, nem te destruir totalmente, nem se esquecerá da aliança que sob juramento estabeleceu com teus pais". Também em Êxodo 34,6, onde Deus se apresenta como fonte de perdão. Deus não apenas tem misericórdia, senão que "Ele é misericórdia" (cf. Lucas 1,50).

PARA APROXIMAR-NOS DE UMA CORRETA TRADUÇÃO

Com esse intuito, podem-se descobrir sete significados possíveis do nome YHWH; sete clamores brotados de situações diferentes, dirigidos ao mesmo YHWH. Sete expressões do mesmo clamor, nascidas da dor e da fé, da esperança e do desejo de ser fiel:

YHWH	Ele está conosco! Grito de louvor, que professa e celebra a certeza da presença de Deus!
YHWH	Ele esteve conosco! Grito de ação de graças, diante da experiência libertadora de Deus!
YHWH	Ele estará conosco! Grito de esperança, na certeza de ser libertado.

YHWH	Ele está ou não está conosco! Grito de dúvida e de angústia da fé em crise.
YHWH	Ele esteja conosco! Grito de dor e de sofrimento, pedindo socorro, certo de ser atendido.
YHWH	Possamos estar contigo! Grito de desejo de estar sempre com Deus.
YHWH	Ele está no meio de nós, nós que estamos vivos aqui! Grito de compromisso, nascido da vontade de ser fiel.

O nome YHWH é invocado em todas as modalidades, com todos os instrumentos musicais, sob todas as formas literárias, misturado a todos os assuntos da vida. Só no livro dos Salmos, tentando penetrar o mistério do seu Nome, é rezado e ruminado, invocado, cantado e gritado mais de 630 vezes. Desejamos que o mistério desse Nome nos envolva, nos compenetre e nos santifique. O povo judeu "respirava" esse Nome; por isso, Jesus mandou rezar: "Santificado seja o teu Nome" (Mateus 6,9) e Maria exclamava: "Seu Nome é santo" (Lucas 1,49).

O significado mais próximo que se colhe da revelação histórico-teológica, expressando "todo o seu ser", se manifesta em Êxodo 3,14, quando Deus se revela a Moisés como:

> Ehyeh asher ehyeh

Ehyeh pode significar: "estar junto", "ser", "manifestar-se", "ser experimentado como vivo". Assim, de modo abrangente, a expressão pode apresentar vários significados:

> "Eu estarei aí, para vocês, como aquele estará aí."
>
> "Eu caminho sempre com vocês, e estarei aí, seguramente."
>
> "Eu sou aquele que se manifesta atuante e poderoso para vocês."
>
> "Eu sou o libertador dos escravos que sofrem."

Eis o bendito problema das traduções! (*Traduttore, traditore!*) Elas tentam dar ideia do que se trata: em primeiro lugar, de uma característica ontológica grega, no sentido de que Deus é um Deus cuja essência é o "Ser": "Eu sou aquele que sou". Na realidade, porém, estamos diante de uma novidade "impactante" sobre o agir "muito humano" desse Deus, que oferece "incômodas consequências sociopolíticas".

- Deus revela-se de uma maneira totalmente impactante e nova para a época!

- O Deus "Javé" não se encaixa na ideologia dos *deuses que ostentam poder*.
- Com isso, ele quebra a ideologia dos senhores que reinavam em nome e "a favor" dos seus respectivos deuses.

Moisés descobrira que o Deus de Abraão é diferente desses outros deuses vizinhos. O seu lugar não está no último nível do sistema religioso, como Deus de uma tribo insignificante, sem influência e sem poder.

- O Deus cujo nome é Javé é ativo e tem poder libertador.
- Ele conhece a situação daqueles que foram subjugados pelos poderosos.
- Ele usa o seu poder em favor dos subjugados.
- Então, o verdadeiro significado do nome de Deus torna-se, assim, o paradigma em seu agir histórico. O seu nome expressa o seu "ser".
- E o seu "Ser" é este:
  - Javé é um Deus atuante dentro da história.
  - Ele conhece a situação real e concreta dos homens.
  - Ele fica do lado dos oprimidos e pequenos.
  - Ele rejeita toda opressão que pessoas possam exercer sobre outras, particularmente os mais vulneráveis.
  - Ele incentiva à superação de tal opressão.
  - Javé é go'el = defensor daqueles que não têm voz nem defensor.[9]

---

[9] Como exclamava Bartolomeu de las Casas: "Deus tem memória dos mais pequenos; é dos esquecidos que Deus não esquece".

O Deus bíblico não é politeísta, panteísta nem monista.[10] Nosso Deus é um Deus vivo, que conhece e deseja, compromete-se com os clamores e gemidos dos humanos. Deus é "Um e distinto", e se revela na história dos homens. Tudo o que há no mundo possui dualidade: céu e terra, varão e mulher, bem e mal, vida e morte... Acima de todas essas dualidades, Deus mantém seu monismo fecundo em forma trinitária. Assim, Nosso Deus nada tem a ver com o "dualismo heterogâmico: Deus-Deusa"; nem com o "dualismo ético-teológico": um Deus que seja do bem e do mal, do positivo e do negativo. Ele está acima do bem e do mal humano; sendo, radical e ostensivamente bom, detesta o mal. Assim também, ele não se contrapõe a nada: não é espírito ante a matéria, nem alma ante o corpo, nem varão ante a mulher, nem pais ante os filhos, nem bem ante o mal. Ele se encontra acima de todas as contraposições, de modo que não há nada de semelhante ou diferente com que ele possa comparar-se.

Daqui que devemos entender a diferença cristã. A novidade universal da revelação em Jesus Cristo fez com que a Igreja se convertesse numa comunidade autônoma, recriando a visão original judaica de Deus. Portanto, o Cristianismo retém o "monoteísmo israelita", mas o interpreta de modo *suprarracional/localizado* (Gálatas 3-4;

---

[10] O *panteísmo* (do grego *pan* = tudo; *théos* = deus – Tudo deus). É a visão filosófica de que absolutamente tudo e todos compõem, fazem parte de um Deus abrangente e imanente. O Universo (ou a natureza) e Deus são idênticos. O *politeísmo* (do grego: *polis* = muitos; *théos* = deus: muitos deuses). É a crença de que há mais do que uma divindade, sendo cada uma considerada uma entidade individual e independente com uma personalidade e vontade próprias. O *monismo* (do grego *mónos* = sozinho, único). Em geral, é o nome dado às teorias filosóficas que defendem a unidade da realidade como um todo metafísico ou a existência de um único tipo de ser substancial; tudo possui a mesma realidade; não existem realidades separadas: por exemplo, Deus e o homem são uma única realidade.

Romanos 4). Assim, a visão "privilegiada" de um Deus "único" para o povo eleito (Israel) entender-se-á de modo pleno como unidade/trina e comunhão entre todos os povos, conforme a promessa a Abraão (Gênesis 12,1-3), para passar, assim, a uma visão de "monoteísmo universal em Cristo: um só Deus misericordioso para todos os povos".

O nome de Deus revela alguns detalhes. Vejamos no Êxodo 3. Há nessa narrativa maravilhosa a revelação de Deus a Moisés: YHWH. Esse nome de Deus significa: *Eu sou o que estou aqui.*[11] Moisés fica estarrecido, congelado, diante de um arbusto flamejante; ele ouve uma voz de dentro: é a voz de Deus. Deus vê a miséria de seu povo oprimido no Egito e "descerá" para convocá-lo a iniciar sua caminhada de libertação. Ele os levará através do mar e do deserto para uma "terra boa e ampla, na qual correm leite e mel". Moisés deveria exigir do prepotente senhor dominador egípcio, o faraó, a libertação de seus conterrâneos escravos. Diante dessa missão ousada, ele foi tomado de uma ansiedade fatal... Assim, temeroso, ele diz: "E se os israelitas me perguntarem: o que significa o seu nome? O que devo responder?". O homem pede a Deus que explique o que significa o seu nome – o que é sua essência (E. BLOCH). Deus responde de modo a que sua resposta seja considerada essencial e decisiva em relação às pessoas humanas. A voz de dentro do fogo responde a Moisés: *"Eu sou eu estou aí. Diz aos israelitas: Eu estou aí me enviou a vocês!".* Esse é o meu nome, para todos os tempos. Assim vocês deverão me chamar e reconhecer, de geração em geração... para sempre.

Esse nome condensa toda a mensagem da Bíblia. Eu sou Deus, quero que vocês arrisquem sair de sua escravidão. Eu farei com que

---

[11] Cf. Hans Alfred TREIN. O nome de Deus e a nossa imagem de Deus. *Revista de Liturgia* 288, p. 22-24, nov./dez. 2021.

se torne possível o que lhes parece impossível, pois o meu nome é *Eu estou aí*. Essa é minha essência, meu ser. Eu quero que vocês iniciem a caminhada para ter a felicidade que eu lhes preparei. Eu os protegerei de todos os perigos e os guiarei. Nisso vocês podem apostar, pois *eu sempre estarei com vocês*. Imagem única entre todas as religiões desta terra. A encarnação desse Deus chama-se *Emanuel*, Deus conosco. Em João, Jesus se apresenta como *Eu sou – Ego eimi*, ou, na ocasião de sua prisão: *Eu sou Ele – Ani Hu*, considerado uma blasfêmia pelos judeus, relembra e atualiza a tradição nominal de Deus, como diz Mateus 28,20: *Deus-Eu-estou-aí*.

Mas, infelizmente, por vários problemas linguísticos, o Deus que era "fraternalmente solidário" e que "caminhava conosco" passou a ser "dominador" – *Dominus*. Assim, as pessoas passaram a conceber Deus de modo análogo a como os senhores poderosos os dominavam. Por variadas causas, essa alteração marcou profundamente o testemunho bíblico de Deus. Por volta de 5 mil vezes YHWH foi alterado para "Kyrios" ou para "Dominus". Assim, não percebemos que os textos bíblicos esqueceram o Deus que está aí, acompanhando solidariamente o povo nos processos e na caminhada de sua libertação. O Deus libertador dos hebreus tornou-se um Deus portentoso, agindo como qualquer um dos outros deuses das culturas opressoras.

Não se percebeu, enfim, que Deus nunca se apresentou com o atributo de "todo-poderoso absoluto"; apresentou-se sempre como acompanhante solidário, ainda quando estivermos passando pelo vale das sombras da morte. Em Jesus, Deus passou por todos os estágios possíveis e comprovou a seriedade de ser *Aquele que está aí*.

O Deus bíblico é um Deus peregrino; é aquele que promete: "Eu estarei convosco todos os dias, até a consumação dos séculos", um Deus-a-caminho-com-suas-criaturas. Assim sendo, Deus revelou-se nos dois testamentos: "Eu estou aí e estarei convosco até a consumação dos séculos". Esse é o seu nome para sempre, e assim ele deverá ser lembrado por todos em todos os tempos...

ANEXO 3
COMO ABENÇOAMOS OS ALIMENTOS DA MESA? COMO PEDIMOS?

> "Vivamos com simplicidade para que outros, simplesmente, possam viver"
> (PAGOLA. *Jesús y el dinero*).

O povo gosta de abençoar com breves orações os alimentos que irá ingerir em programados encontros ou festas da comunidade. Mas, devemos confessar que raramente essas orações de bênção manifestam o estilo humano de Jesus. *Pedimos a Deus que faça por nós*; isto é, que se vire com os problemas do mundo, especialmente a fome, a injustiça e a violência, entre outros.

Vejamos. Paulo diz claramente que a glória de Deus é a vida dos homens; o que Santo Irineu confirma: *gloriam Dei homo vivens!* (1 Coríntios 10,31). Portanto, seja se comemos, seja se bebemos, devemos ter sempre presente a vida dos homens e das mulheres. Por isso, se, por um lado, alicerçados no amor ao próximo, devemos estar atentos à realidade da comida entregue a quem precisa; por outro, devemos estar alertas aos "luxos ou megaexageros culinários" que se praticam no chamado Ocidente bem-sucedido e desenvolvido: os *Masterchefs* da vida!

É bom lembrar que rezar, antes de comer, só tem sentido se "não nos esquecermos daqueles que não comem"; senão, como rezaremos em paz? Daí que isso deve corrigir/modelar nossa gula e cobiça. Comer (e descansar) é preciso, sobretudo *para podermos ajudar os outros*, ficando alinhados com a quarta petição do Pai-Nosso: *seja feita a vossa vontade, assim na terra como no céu*; e, da quinta petição: *O pão nosso de cada dia nos dai hoje*.

O que significa, para nós, abençoar a mesa? Será que o fazemos como se tratássemos de atrair uma "especial bênção divina" sobre o que comemos, esquecendo que, na Bíblia – especialmente nos gestos de Jesus –, a ação de abençoar está vinculada "a saber compartilhar" (tomou o pão, deu graças, o partiu e o deu a seus discípulos...)? Assim, acontece de, não poucas vezes, darmos graças pela comida, esquecendo que, na Bíblia, a ação de graças (*eucaristizar*) implica o compromisso fraterno de fazermos chegar aos outros os dons recebidos (o alimento, o carinho, o afeto, a companhia, a vida), porque *nenhuma graça de Deus é para exclusivo proveito pessoal*, senão para divulgar/espalhar entre irmãos e irmãs a "sobriedade compartilhada" (cf. Mateus 14,13-21).

Deveria ser difícil, para os cristãos, agradecer a Deus quando se tem mais comida do que o necessário, enquanto outros sofrem de miséria e fome (não muito longe de nós). Sentimo-nos acusados por aquelas palavras de Mahatma Gandhi: "Tudo o que comes sem necessidade, estás roubando ao estômago dos pobres". Talvez, muitos países acomodados e famílias abastadas tenham que aprender a abençoar as mesas de outra maneira: agradecendo a Deus, sim, mas, ao mesmo tempo, pedindo perdão pela insensata falta de solidariedade e tomando consciência da reponsabilidade que deveriam ter diante dos famintos e abandonados da terra.[1]

---

[1] Cf. José Antonio PAGOLA. *O caminho aberto por Jesus – Mateus*. Petrópolis: Vozes, 2013. p. 180-181.

Por isso, lembra o Papa Francisco que orar bem consiste em perceber onde há qualquer pessoa que esteja com fome, que chore, que lute, que sofra e se perguntar: "por que isso está acontecendo?". A fé orante nos impulsará a botar a dor das injustiças para fora: é isso o que Jesus apontou, quando ensinou o Pai-Nosso: uma oração "ousada", porque nenhum de nós, nenhum teólogo famoso ousaria orar a Deus dessa forma. E, ao ensinar a orar do jeito como uma criança conversaria com seu pai, Jesus não quer deixar de lado a humanidade, *não quer anestesiar-nos*, não quer que deixemos de fazer perguntas para aturar tudo, sem nada questionar: ao invés disso, quer que todo sofrimento, toda inquietação, subam ao céu e se tornem um diálogo.[2]

Surge um dilema para nós. Será que rezar sobre os alimentos se converte em um "sedativo de consciência" que nos permite "não estar nem aí", fazendo com que percamos de vista a obrigação fraterna que acompanha o fato de comer, num mundo onde dezenas de milhões de irmãos e irmãs morrem de fome todo dia? Diz um provérbio oriental que, "quando o dedo do profeta aponta para a lua, o ignorante fica olhando para o dedo...". Algo semelhante poderia ser dito de alguns cristãos, quando se fazem de "desinteressados" diante dos problemas da fome e da miséria, vivendo num horizonte mesquinho e egoísta, despreocupados de todos, movidos unicamente pelos próprios interesses, mesmo que "comportados com muita decência!" (RAHNER).

Tarefa catequética: acho que a bênção dos alimentos pode ser uma boa iniciativa catequética/pedagógica para lembrar-nos da bondade de Deus ao longo das horas do dia, bem como do nosso compromisso com os bens que devemos aprender a compartilhar.

---

[2] Cf. Papa FRANCISCO. "O Pai-Nosso": uma oração "ousada", porque "nenhum de nós, nenhum teólogo famoso ousaria orar a Deus de tal forma". *IHU on-line*, 13 dez. 2018.

Agradecer antes de comer nos ajuda a reconhecer nossa dependência física, corporal e espiritual com o mundo criado, com os irmãos e irmãs e com Deus. A comida é um elemento intrínseco nas complexas redes de dar e receber, nas quais não somos mais do que um nó. A comida é um veículo sacramental que abre o acesso ao divino. É imprescindível para a nutrição corporal e também um "presente do céu" na terra, mas que assinala para além da terra e desta vida.

Por isso, devemos ensinar, na catequese litúrgica, que a Eucaristia é uma forte experiência simbólica para aprender a compartilhar os alimentos; recebemos os bens gratuitos da criação, que se transformam em alimento eucarístico "que recebemos como fruto da terra e do trabalho humano" (*Missal Romano*: preparação das oferendas). A Eucaristia é uma ceia e o memorial em que Jesus se oferece como um cordeiro sacrificado, em forma de comida. A reverência que devemos ter de não perder nada do que foi consagrado ensina-nos com amor e sabedoria que não devemos "desperdiçar a comida"; isso seria um ato irreverente, para não dizer uma profanação.[3]

É necessário também promover uma política de melhor distribuição dos impostos, visando ao bem social, a começar pelos mais pobres. Pois, é boa política, aliás, política nobre, aquela que se preocupa com o cuidado de todos, a partir dos mais pobres e vulneráveis.[4]

Algumas ações práticas, simples e sensatas, para cuidar e não esbanjar os alimentos:

---

[3] Cf. José Carlos ROMERO; Jaime TATAY (orgs.). El despedicio de alimentos. *Cuadernos* CJ 228, Cristianisme i Justicia, p. 18-19, jun. 2022.

[4] Cf. FAUS. *Otro mundo es posible...*, p. 362-364; PAGOLA. *Jesús y el dinero. Una lectura profética de la crisis*. Buenos Aires: PPC, 2013.

- Comprar o que for necessário. Cuidado com os olhos: eles enxergam mais do que o estômago!
- Não tenhamos prejuízos: podemos comprar frutas e verduras "feias", "que não têm bonita aparência" ou "com formas irregulares"; pois elas são igualmente boas.
- Verificar a temperatura da geladeira para não esfriar demasiadamente os alimentos; com a temperatura correta, eles conservam melhor a frescura e a vida útil.
- Cuidar sempre de comer os alimentos guardados a mais tempo; reservar sempre os mais novos para consumo posterior.
- Compreender bem a questão das datas de validade. A data de validade indica que o fabricante garante a segurança do alimento até aquele prazo; mas isso não significa que esse alimento não possa ser consumido depois; geralmente o prazo de validade tem uma folga, desde que as condições de armazenagem tenham sido seguidas.
- Cuidar de guardar os restos de comida, se possível; eles podem servir para preparar outros pratos ou para alimentar um animalzinho de estimação (consultar o veterinário).
- Lembrar sempre que é possível *doar o que sobra* para alimentar outras pessoas. Seria bom procurar conhecer pessoas que precisam de ajuda.[5]

---

[5] Cf. ROMERO/TATAY. *El despedicio de alimentos*, p. 28.

ANEXO 4
UMA PROPOSTA DE ENTREGA DA ORAÇÃO DO SENHOR NA IVC

De acordo com circunstâncias de cada comunidade, essa entrega *pode ser adaptada* com oportuna criatividade; pois criatividade e bom gosto nunca podem faltar nos discípulos de Jesus.[1]

(*Depois da doxologia: Por Cristo, com Cristo...*)

Um Catequista diz: Aproximem-se os catequizandos que vão receber a Oração do Senhor.

O presidente diz aos catequizandos: Caríssimos catequizandos, hoje é um dia muito especial para vocês, pois pedirão a Jesus que lhes ensine a rezar o Pai-Nosso assim como ele ensinou aos discípulos; assim, aprenderão a falar com seu Papai do Céu. Para isso, agora vocês ouvirão um trecho do Evangelho de Mateus em que o Senhor ensina seus discípulos a rezar.

(*Um catequista proclama o Evangelho de Mateus 6,9-13.*)

(*Segue-se a homilia do presidente, que expõe o significado da Oração do Senhor.*)

Para ajudar, colocamos um breve esquema de homilia sobre o Pai-Nosso: não precisamos de muitas palavras. O Papai do Céu conhece

---

[1] Proposta inspirada no RICA 188-192, p. 56-61; CATEQUÉTICA. *Carpeta abierta. Celebración de la entrega del Padre Nuestro.* Salamanca: Sal Terrae 5, p. 311-314, set./out.

muito bem vocês. E só chamá-lo de Papai e confiar-lhe o que se passa com cada um de nós que ele nos escuta e ajuda. Ele vai nos ensinar que o mundo precisa de homens e mulheres que ajudem a curar as feridas da fome e da injustiça; que todas as pessoas necessitam ser felizes; que temos de saber perdoar porque ele nos perdoa; que não podemos deixar de ser bons e muito menos podemos nos esquecer de Jesus.

Há muitas pessoas que gostam de falar com Deus. Podemos convidar algumas delas para nos falar o que sentem...

(*Convidar alguém da comunidade e também algum pai ou alguma mãe*).

Um catequista fala aos catequizandos: Caros catequizandos, Jesus entregou-lhes essa oração como perene presente. Não apenas para que a decorem, senão para que aprendam o que devem pedir e querer. Ele nos doa esse presente porque sabe que queremos ser seus discípulos e discípulas. Recebam fraternalmente, com o carinho de toda a comunidade, a oração do Pai-Nosso. (Se possível entregar também para os pais.)

(*A seguir, os catequistas entregam um cartãozinho com a oração.*)

(*O animador convida os catequizandos a se ajoelharem, dizendo*): Prezados catequizandos, ajoelhem-se para que toda a comunidade reze sobre vocês.

(*O presidente convida os fiéis a orar*): Oremos pelos nossos queridos catequizandos; que o Senhor, nosso Deus, abra os seus corações e as portas da misericórdia, para que, tendo já recebido nas águas do Batismo o perdão dos seus pecados, sejam incorporados mais intimamente no mistério de Cristo Jesus.

(*O animador convida a rezar um instante em silêncio...*)

O presidente (*com mãos estendidas*) diz: Deus eterno e bondoso, que por novos nascimentos tornais fecunda a vossa Igreja, aumentai a fé e o entendimento dos nossos queridos catequizandos, para que, renascidos pelo Batismo, sejam contados entre os vossos filhos e filhas adotivos.

Por Cristo, Nosso Senhor.

(*O presidente continua com a oração do* Missal*: "Livrai-nos de todos os males, ó Pai, e dai-nos hoje a vossa paz..."*).

OUTRA OPÇÃO PARA ENVOLVER A PARTICIPAÇÃO DOS PAIS DOS CATEQUIZANDOS[2]

Existe também a possibilidade de entregar o Pai-Nosso aos pais, junto dos catequizandos, crianças e jovens. Nesse momento tão especial para a família e a comunidade, deve-se aproveitar para valorizar: a) a descrição da fé de Jesus e b) a fé da comunidade e dos seus seguidores. Assim, os catequizandos e familiares estarão, aos poucos, sendo gradativamente introduzidos na vivência de fé cristã.

Descrevemos, a seguir, os pontos *a* e *b*, que achamos fundamentais:

a) *Antes de mais nada, celebrar a fé de Jesus.* Deus é Pai de todos. Isso certamente supera um olhar apenas sociológico, em que acolhemos a Deus apenas como Pai de uma comunidade de pessoas. Jesus vive e anuncia que seu Papai é Pai de todos os "seres humanos", mas, e sobretudo, é o Pai daqueles que, em sua família (Igreja), se revelam como os mais pobres e marginalizados. É também o Papai dos "discípulos", daqueles que se colocam de coração a seu serviço. É um Pai que não pode ser

---

[2] Cf. Luciano MEDDI. *Il cammino di fede. Riorganizzare la catechesi parrocchiale*. Torino: Elledici, 2016. p. 69-70.

manipulado pelas culturas e religiões. Os poderes humanos estão chamados à conversão e a cumprir a sua vontade. Na bondade e na misericórdia de Deus reside a sua santidade, plenamente manifestada nas obras de misericórdia realizadas por Jesus, em seu nome.

b) *A fé da comunidade.* A comunidade dos discípulos deve santificar o nome do Pai de Jesus na fidelidade e na partilha do espírito missionário. Sua missão consiste em inaugurar o Reino que se manifesta em palavras e obras. A sensibilidade para com os mais pobres e marginalizados, sentir-se convocados para continuar a missão de Jesus, os sinais de esperança, como as curas, o perdão e a multiplicação da solidariedade fraterna (o pão), são sinais messiânicos que manifestam o desejo de Deus de ser o nosso Papai. A comunidade pede a Deus que derrame seu Espírito para cumprir a sua vontade, assim na terra como no céu. Dois sinais acompanham a vida do discípulo na comunidade: a generosa partilha dos meios de subsistência (o pão e a Palavra) e o perdão recíproco. Assim como também a partilha da Eucaristia e da reconciliação como concretas ações que renovam a vida humana.

Por conseguinte, as circunstâncias de cada comunidade farão com que a entrega do Pai-Nosso possa ser – e isso é muito louvável – adaptada com oportunas sugestões.

ANEXO 5
SENHOR, ENSINA-NOS A REZAR.
PAI NOSSO QUE ESTAIS NOS CÉUS...[1]

- Objetivo do encontro: tomar consciência da forma como se vive a relação pessoal (e comunitária) com Deus, como filhos e filhas e como irmãos e irmãs.
- Momentos do encontro (duração: 2 horas aproximadamente).
- Acolhida (10 minutos).

  1) Fazer uma breve introdução entregando um cartãozinho com a Oração do Senhor.

  2) Pedir que todos rezem com calma a primeira parte...

  3) Momento de silêncio, pensando em como estabeleceremos nossa experiência de oração como filhos e filhas e como irmãos...

- Iniciar o argumento (40 minutos).

  1) Trabalho pessoal: procurar provocações da Bíblia: quando digo "Pai nosso", o que sinto no coração? (15 minutos).

  2) Cada um avalia o trabalho e focaliza uma palavra ou uma expressão que produza dificuldades no relacionamento filial, olhando para Deus (5 minutos).

---

[1] Cf. Enzo BIEMMI (org.). *I Fondamentali della Catechesi*, p. 372-373.

3) Partilhar, em grupos (3 ou 5 pessoas), as nossas dificuldades (20 minutos).

- Para aprofundar (30 minutos).

1) Um membro de cada grupo, baseado no trabalho de aprofundamento preparado a partir da exposição sobre o Pai-Nosso neste livro, irá apresentar um esquema de aprofundamento.

- Aprendendo a olhar a vida (40 minutos).

1) Trabalho a dois: preparar os conteúdos escutados no aprofundamento. Questionarem-se: Que coisas novas descobriram? Quais tocaram seus corações e mexeram com vocês? (*Observação*: para facilitar, pode-se entregar um breve esquema dos conteúdos) (20 minutos).

2) Agora, pede-se que compartilhem com a assembleia. Individuar e comunicar a palavra iluminante que abriu um horizonte de caminho e serenidade na experiência revista (20 minutos).

(*Encerrar com um momento de oração.*)

Em breve momento de silêncio, cada um oferece ao Pai um propósito pessoal e comunitário, para que o encontro produza frutos em nossa vida.

A seguir, rezar, em dois coros e com muita atenção, a oração que o Senhor Jesus nos ensinou. Respeitemos a postura orante: braços erguidos e mãos espalmadas.

MARIA, NOSSA MÃE, NOS ENSINA A REZAR[2]

Mãe nossa,	(João 19,26-27)
Que estás nos céus,	(Apocalipse 12,1)
Bem-aventurado seja o teu nome,	(Lucas 1,48b)
Venha o Reino por tua ajuda,	(Apocalipse 12,5)
Faça-se em nós a vontade do Pai,	(Lucas 1,38)
Assim na terra como no céu.	(João 2,5)
O Pão nosso de cada dia ajudas a obtê-lo hoje...	(João 6,35)
Intercede ao Senhor por nossas ofensas,	(1Timóteo 2,1)
Assim como nós perdoamos a quem nos ofendeu.	(Mateus 5,44)
Ajuda-nos a evitar cairmos em tentação	(Gênesis 3,15)
E protege-nos do mal.	(Apocalipse 12,14-17)
Amém!	(Apocalipse 3,14)

---

[2] Cf. Antônio C. SANTINI. *Assim na Terra como no Céu*, p. 95.

Referência bibliográfica

DOCUMENTOS DA IGREJA E DA CNBB

CATECISMO DA IGREJA CATÓLICA. *A oração do Senhor: "Pai-Nosso"*, n. 2759-2865. Brasília: CNBB, 2013. p. 841-875.

CNBB. *A Eucaristia na vida da Igreja. Subsídios para o Ano da Eucaristia*. Brasília: CNBB, 2015 (Estudos 89).

MISSAL ROMANO. 2. ed. São Paulo: Paulus, 1992.

PAPA FRANCISCO (com Marco Pozza). *Pai-Nosso*. São Paulo: Planeta, 2018.

PAPA FRANCISCO. Como rezava Jesus (Audiência geral de 14 mar. 2018 sobre o Pai-Nosso). *L'Osservatore Romano*, p. 16, 11 mar. 2018.

PAPA FRANCISCO. *A oração. O respiro da vida nova*. Brasília: CNBB, 2020.

LIVROS

AGUIRRE, Xavier de. *Tan hombre que es Dios. Jesús histórico, en los evagelios y entre nosotros*. Buenos Aires: PPC, 2015.

AGUIRRE, Rafael. *Del movimiento de Jesús a la Iglesia cristiana. Ensayo de exégesis sociologica del cristianismo primitivo*. 2. ed. Estella: EVD, 2015.

ALONSO, Juan José Hernández. *El Reino. La buena noticia de Dios*. Maliaño: Sal Terrae, 2021.

ANDRADE, Pedro Pablo Zamora. *Seguir a Jesús, el Señor, y proseguir su proyecto. Una tarea pendiente*. Estella: EVD, 2021.

AYUCH, Daniel A. *Jesus, Maestro y Redentor. Doce lecturas del Evangelio desde el Cristianismo Oriental*. Buenos Aires: PPC/Asociación Bíblica Argentina, 2018. p. 95-102.

BERMEJO, J. C. et al. *Humanización y Evangelio*. Boadilla del Monte: PPC, 2015.

BIEMMI, Enzo (a cura di). *Il Fondamentali della Catechesi. Il Credo. I Sacramenti. I Comandamenti. Il Padre Nostro*. Bolonha: EDB, 2013.

BIFFI, Giacomo. *Alla destra del Padre. Nuova sintesi di teologia sistemática*. Milão: Jaca Book, 2004.

BUYST, Ione. *A Missa. Memória de Jesus no coração da vida*. São Paulo: Paulinas, 2004.

CASTILLO, José María. *Deus e nossa felicidade*. São Paulo: Loyola, 2006.

CASTILLO, José María. *Jesus. A humanização de Deus*. Petrópolis: Vozes, 2009.

CASTRO, Secundino. Pai-Nosso. In: AA.VV. *Dicionário de Espiritualidade*. São Paulo: Paulus, 1993. p. 879-887.

CONFÉRENCE DES ÉVÊQUES DE FRANCE. *La prière du Notre Père. Un regard renouvelé*. Paris: Du Cerf, 2013.

CONGRESSO DE TEOLOGIA I (Antonio BOGAZ; Marcio COUTO [orgs.]). *Deus, onde estás? A busca de Deus numa sociedade fragmentada*. São Paulo: Loyola, 2001.

CROSSAN, John Dominic. *Cuando oréis, decid: "Padre nuestro"*. Santander: Sal Terrae, 2011.

DICIONÁRIO DE CATEQUÉTICA. São Paulo: Paulus, 2004.

DORVAULT, Jocelyn. *Notre Père (pour ne plus rabâcher)*. Paris: Du Cerf, 2017.

ESPEJA, Jesús. *Huellas con futuro en algunos signos de nuesto tiempo*. Bilbao: Desclée de Brouwer, 2013.

ESTRADA, Juan Antonio. *Las muertes de Dios. Ateismo y espiritualidad*. Madrid: Trotta, 2018.

FAUS, José Ignacio González. *Otro mundo es posible... desde Jesús...* Santander: Sal Terrae, 2010. p. 352-362.

FAUS, José Ignacio González. *Después de Dios...* Maliaño: Sal Terrae, 2018.

FAUS, José Ignacio González. *Carta a los humanos*. Maliaño: Sal Terrae, 2020.

FISCHER, Balthasar A. *Sinais, palavras e gestos na liturgia. Da aparência ao coração*. São Paulo: Paulinas, 2003.

FOSSION, André. *El Dios deseable. Un impulso hacia la fe*. Maliaño: Sal Terrae, 2010.

GIRAUDO, Cesare. *Num só corpo. Tratado mistagógico sobre a Eucaristia*. São Paulo: Loyola, 2003.

GONZÁLEZ-CARVAJAL, Luis. *El Credo explicado a los cristianos un poco escépticos*. Maliaño: Sal Terrae, 2019.

GUARDINI, Romano. *Il Signore. Riflessioni sulla persona e sulla vita de Gesù Cristo*. 9. ed. Milano: Vita e Pensiero, 1949.

GUARDINI, Romano. *Introduzione alla preghiera*. 8. ed. Brescia: Morcelliana, 1994.

HADDAD, Rabino Philippe. *Pai-Nosso. Uma leitura judaica da oração de Jesus*. São Paulo: Fons Sapientiae, 2017.

HÄRING, Bernhard. *Comentário ao Pai-Nosso*. Aparecida: Santuário, 1998.

IGLESIAS, Manuel Eduardo. *Um retiro com o Pai-Nosso*. 2. ed. São Paulo: Loyola, 1992.

KASPER, Walter. *Padre Nuestro. La revolución de Jesús*. Maliaño: Sal Terrae, 2019.

KONINGS, Johan. *Liturgia dominical. Mistério de Cristo e formação dos fiéis*. Petrópolis: Vozes, 2003.

LELO, Antonio Francisco. *A Iniciação Cristã. Catecumenato, dinâmica sacramental e testemunho*. São Paulo: Paulinas, 2005.

LUIZ, Reimont. *Pai. Uma reflexão sobre o Nosso Pai*. Rio de Janeiro: Editora Graffito, 20013.

LUIZ, Reimont. *Pai-Nosso*. São Paulo: Planeta, 2018.

MAGGIONI, Bruno. *El rostro nuevo de Dios. Dichos y gestos de Jesús*. Maliaño: Sal Terrae, 2014.

MATOS, Henrique Cristiano José. *O Pai-Nosso, oração do Novo Milênio*. Belo Horizonte: O Lutador, 1999.

MARTÍN-MORENO, Juan Manuel. *La Biblia, escuela de oración*. Bilbao: Mensajero, 2006. p. 223-226.

MICHELETTI, Guillermo Daniel. *Minidicionário da Iniciação à Vida Cristã. Conceitos Fundamentais para Catequistas*. São Paulo: Ave-Maria, 2017.

NEUSCH, Marcel. *El enigma del mal*. Santander: Sal Terrae, 2010. p. 107-111.

PAGOLA, José Antonio. *Jesús. Aproximación histórica*. Buenos Aires: PPC, 2013 (especialmente, p. 324-342).

PAGOLA, José Antonio. *Anunciar Deus hoje como boa notícia*. Petrópolis: Vozes, 2016.

PAGOLA, José Antonio. *Dejar entrar en casa a Jesús*. Buenos Aires: PPC, 2019.

PAGOLA, José Antonio. *A renovação do Cristianismo (Recuperar Jesus como mestre interior)*. Petrópolis: Vozes, 2019.

RATZINGER, Joseph (Bento XVI). *Jesus de Nazaré. Do batismo no Jordão à transfiguração*. 2. ed. São Paulo: Planeta, 2017. p. 121-152.

SANTE, Carmine Di. *Liturgia judaica. Fontes, estrutura, orações e festas*. São Paulo: Paulus, 2004. p. 30-34.

SANTINI, Antônio Carlos. *Assim na Terra como no Céu. Uma catequese sobre o Pai-Nosso*. Belo Horizonte: O Lutador, 1994.

SCHLOSSER, Marianne. *Teologia de la oración. Levantemos el corazón*. Salamanca: Sígueme, 2018. p. 55-99.

UN MOINE DE L'EGLISE D'ORIENT. *Notre Père. Introduction à la foi et à la vie chrétienne*. Paris: Du Cerf, 2012.

WILLIAMS, Rowan. *Ser Cristiano. Bautismo – Biblia – Eucaristia – Oración*. Salamanca: Sígueme, 2018. p. 95-123.

ARTIGOS DE REVISTAS

BINGEMER, Maria Clara Lucchetti. Abbá: un padre maternal. *Selecciones de Teologia* 168, p. 305-318, out./dez. 2003.

BRIGHENTI, Agenor. A Boa-Nova do Reino como o evangelho social de Jesus. *Vida Pastoral* 347, p. 28-37, set./out. 2022.

CALOYERA, Domenico. La preghiera del Signore. *Temi di predicazione. Omelie* 81, Napole, Editrice Domenicana Italiana, 2004.

CÉSAR, Danilo. "Estende a tua mão!" Mistagogia do Pai-Nosso. *Revista de Liturgia* 258, p. 24-26, nov./dez. 2016.

CODINA, Víctor. Desoccidentalizar el cristianismo. *Selecciones de Teologia* 191, p. 163-175, jul./set. 2009.

FAUS, José Ignacio González. Dios? *Cuadernos – Cristianisme i Justicia* 190, set. 2014.

FAUS, José Ignacio González. Rezar bien el Padrenuestro. *Selecciones de Teologia* 241, p. 37-43, jan./mar. 2022.

MASTROSERIO, Nicola. Il Padre Nostro. Sintesi del Vangelo da riscoprire, contemplare e annunciare. *Temi di predicazione – Omelie* 50, maio 2001.

MAYER, Judite Paulina. A oração do Pai-Nosso e o Kadish na liturgia judaica. *Revista de Liturgia* 206, p. 18-19, mar./abr. 2008.

PEREIRA, Jerônimo. O rito do Pai-Nosso no Ofício Divino das Comunidades. *Revista de Liturgia* 285, p. 16-22, maio/jun. 2021.

PÉREZ, María Nely Vásquez. Todavia el Reino de Dios? Evolución de la teologia del Reino y su impacto político, hoy. *Selecciones de Teologia* 240, p. 243-256, out./nov. 2021.

PIMENTEL, Márcio. Na Eucaristia se "faz" memória. *Revista de Liturgia* 286, p. 21-23, jul./ago. 2021.

PIMENTEL, Márcio. Rito de comunhão: por uma mistagogia das núpcias do Cordeiro. *Revista de Liturgia* 290, p. 19-22, mar./abr. 2022.

QUEIRUGA, Andrés Torres. La imagen de Dios en la nueva situación cultural. *Selecciones de Teologia* 170, p. 103-116, abr./jun. 2004.

ROMERO, José Carlos; TATAY, Jaime (orgs.). El desperdício de alimentos. *Cristianisme i Justicia – Cuadernos CJ* 228, jun. 2022.

TREIN, Hans Alfred. O nome de Deus e a nossa imagem de Deus. *Revista de Liturgia* 288, p. 22-24, nov./dez. 2021.

TRIGO, Pedro. La acción de Dios en la historia según la teologia latinoamericana. *Selecciones de Teologia* 199, p. 193-213, jul./set. 2011.

VALDÉS, Ariel Álvarez. Quantos "Pai-Nossos" Jesus nos ensinou a rezar? In: *Que sabemos sobre a Bíblia?* Aparecida: Santuário, 2001. v. VI, p. 61-70.

Rua Dona Inácia Uchoa, 62
04110-020 – São Paulo – SP (Brasil)
Tel.: (11) 2125-3500
http://www.paulinas.com.br – editora@paulinas.com.br
Telemarketing e SAC: 0800-7010081